クオンタム思考

テクノロジーとビジネスの未来に
先回りする新しい思考法

量子思维

寻找问题的第三种解法

[日]
村上宪郎
(Norio Murakami)
著

石立珣
译

中国出版集团
中译出版社

写在前面

下面,我将要介绍:
- 当你面对一个不知道有无正确答案的课题时,能找到正确答案的方法。

或者说:
- 在看起来可以持续取得"成功"的状态下,能迅速发现课题的方法。

这种思维方式我们称为"量子思维"。

我希望将这一思考问题的方法介绍给在变革的浪潮中无所畏惧想要努力前行的朋友,积极拥抱新的技术并在新技术的运用中想要提升自我的朋友,以及有志于创业和改革创新的朋友。

不知从何时开始,我们一直在说"失去的十年",而这"失去的十年"转眼间已经变成了"二十年",最后变成了"三十年"。这三十年来,日本所谓的经济增长率像在地上爬行一样,一直处于"零增长"的水平,可以说这是一个非常直接的数据依据了吧。

关于导致这一状况的根本原因,前人已经谈得很多了。如果只能说一个原因的话,我想应该是下面这样的情况:

自150年前明治维新以来,我们一直致力于解决"落后的日本"所面临的课题,一心想要"追赶和超越先进的西方国家"。而想要达到这样的目标，最快的方法是尽可能多地采用欧美发达国家已找到的"正确答案"。

这个方法是奏效的。到了20世纪初，日本已经"成功"地实现了现代化，达到了与欧美西方大国"平起平坐"的程度。然而，这种"成功"并没有持续下去。由于在第二次世界大战中的失败，75年前的日本又不得不重新出发去寻求新的"成功"。

即使是在失败中寻求国家振兴的时候，作为战败国的日本，面临自己所存在的课题和挑战时，所采取的最快方式依然是尽可能多、尽可能快地把盟国特别是美国的各类民主制度、企业经营和技术研发方法作为"正确答案"来采纳。

这个方法再次奏效，20世纪80年代，日本跃居"世界第二经济大国"，达到了繁荣的顶峰。

但是，自从以泡沫经济破灭为开端的金融危机发生以来，日本陷入了被称为"失去的三十年"的停滞状态，一直无法挣脱。为什么会发生这样的事情呢？这是因为此时的日本可以说已经不再是一个落后的国家，也不再是一个战败国，而是一个"有课题的发达国家"。

我能想到的唯一原因，就是从别国已解决的课题中得到的"正确答案"，对于我们必须要面对的，那些找遍任何地方都没有先例的新课题是无效的。

我决定在本书中提出"量子思维"这一想法，也是基于上述背景。

"quantum"一词，可以翻译为"量子"，在本文中我会对此进行详细说明。

最近，报纸上有很多关于量子计算机的报道，量子计算机有望成为新一代计算机。而在量子计算机即将登场之际，我决定向大家介绍"量子思维"也算是恰合时宜。

众所周知，当前的计算机采用二进制进行计算，0 和 1 这两个数码表示位（位的英文写法是 bit，即 binary digit，指二进制中的位）。而量子计算机则会采用"q-bit"（quantum bit）进行计算。看到这段话，当你读到"位，bit，binary digit，二进制，位"这样的专业术语时，"是的，我听说过，但我是个文科生，不需要知道那么多"应该有这样想的朋友吧？实际上，我在写这本书的时候，也考虑到了容易有上述担心的文科读者。

前面我曾提及"失去的三十年"，我觉得根本原因还在于广大文科生的"理科恐惧症"。因此，培养量子思维的第一步，就是要克服"理科恐惧症"。

在本书中，我并不会一味地否定文科生的"理科恐惧症"，我会充分考虑到文科生的顾虑，循序渐进地介绍数学和科学方面的知识，所以，请不要害怕，鼓起勇气读下去吧。

（当然，本书的写作初衷也是希望广大理科生读者在阅读本书之后，能有所收获并且觉得有说服力。我还在书中各处留下了一些课题，期待广大理科生来挑战。）

那么"循序渐进"指的是什么呢？就是为了方便读者区分和阅读，我会用"符号"把书中"初次阅读，可以跳过不读"的地方标示出来。

难度稍微高一点的地方，我会标记为"跳过即可"。

也就是说，我希望大家能读第二遍，并在"读第二遍的时候，阅读书中所有的内容"。只要读了第二遍，相信大家就能够"循序渐进"地深入理解理科知识。基于这一点认识，我展开了写作。

当然，我也考虑到很多读者在读第一遍时就会全部阅读而不跳过，所以书里理科知识的出现也是"循序渐进"的。

在对理科知识进行说明的时候，"无论如何必须要用公式才能说明白"的地方，会有简单的公式出现。这些公式，最多也就是中学数学的水平。并且对于文中的公式，我都添加了解释性的说明内容，所以请不要担心，一定要把这当作是克服"理科恐惧症"的好机会。

最后，在本书的写作过程中，我非常担心因大量出现理科类学术术语让读者读得云里雾里，或者使读者感觉书中内容不明所以或是毫无营养，又或者我在无意识中使用的这些晦涩的术语让读者感觉受到了欺骗。为了避免这些问题，在写作过程中我时时留意处处留心。本书是以"思维方式"为主题的书籍，对于公式的介绍也是行文所需才不得已而为之，但是我绝对没有借此机会卖弄学术或欺骗读者的意图，请广大读者放心。

写作过程中，我已做了充分考量，确保大家在对理科类知识有最基本了解的情况下就可以阅读这本书。文科的各位读者，请一定要鼓起勇气，在读这本书的同时，克服自己对理科的恐惧。

这本书如果能够帮助大家提升面对不知道有无正确答案的课题时自己去思考的能力，如果能够提升大家在这看不见未来的时代中勇敢地向前迈进的能力，我会十分荣幸！

村上宪郎

目录

第 1 章 量子思维——精准看透未来的能力
- 谷歌的天才们——超越日常观感 ········ **010**
- 天才的逻辑 ········ **023**
- 量子思维会给未来带来什么 ········ **027**

第 2 章 "超越日常观感"的感觉
- 新时代的关键词——量子 ········ **034**
- 日常观感和非日常观感 ········ **041**
- 计算机也是"日常观感"的延续 ········ **054**
- 最大限度利用量子的力量 ········ **057**

第 3 章 形成量子思维的方法——构建"知识体系"
- 超越通识与素养课程 ········ **062**
- 如何构建知识体系 ········ **067**
- 埃隆·马斯克迅速崛起的原因 ········ **074**
- 丰富知识体系的方法 ········ **077**
- 文理通吃,"未来"就在眼前 ········ **103**

第4章 "量子计算机"是21世纪商业和科技的基础

生活中到处可见的量子力学 **108**

人工智能的新亮点——量子模拟计算机 **113**

商用化道路仍漫漫而修远的量子数字计算机 **122**

量子计算机到底有多厉害 **128**

量子力学可以定义"自我意识"吗 **133**

量子力学超越常识的无限可能性 **140**

量子力学、脑科学和未来 **145**

快速了解量子力学的技巧 **149**

第5章 用量子思维解读商业和科技的现在与未来

第四种范式——大数据到底改变了世界什么 **158**

计算机,只是做计算而已 **165**

"产销合一"的时代意味着什么 **172**

信息和通信技术在教育行业的应用 **179**

我们该恐惧机器智能化吗 **186**

第6章 量子思维让我们活出未来

新东西,原则就是"做" **196**

成为新时代的人才 **205**

量子思维——人工智能时代生存必备 **211**

第 1 章

量子思维——精准看透未来的能力

谷歌的天才们——超越日常观感

在我的职业生涯中,我见证了许多年轻人用他们的创新思想开辟了新的时代。

他们仿佛是从数十年以后的未来世界穿越而来,将未来世界展现在我们的眼前,他们的创新思想已然超越了当前的观感世界,是面向未来、连接未来的超前思考。

在本书中,我将这种超越当前观感世界的、无与伦比的新型思维方式称作"量子思维"。为了让大家能更好地实际感知这到底是怎样的一种思维方式,我首先介绍几位拥有"量子思维"的天才。

> 案例 1

为"司空见惯"的日常事物创造新的价值——《宝可梦GO》和约翰·汉克

你们都听说过《宝可梦 GO》(英文名为 Pokemon GO)吧,这是一款风靡全球的智能手机游戏。

事实上,可以说没有谷歌就没有这款让全世界着迷的游戏。究其原因,这款游戏是基于一款名叫谷歌地图(Google Map)的地图 App(应用程序,英文全称为 Application)开发的,这仅是其中缘由之一。

我们先从这个故事谈起。

这款游戏是由约翰·汉克管理的一家名叫 Niantic 的公司开发的。约翰·汉克曾任 Keyhole 公司 CEO,这是一家专注于在线地图服务的风险投资公司。该公司开发了一款地理信息应用程序(Geometrical Information App,名叫 Keyhole),这款 App 后来发展成了众所周知的谷歌地球(Google Earth)。

约翰·汉克特别痴迷于地图研究。

"我希望开发一种最有意思的地图"。

从约翰·汉克倾心研发的地图中,谷歌看到了未来业务发展的潜力。于是,2004 年,谷歌收购了 Keyhole。约翰·汉克进入谷歌公司,成为地图与地球业务主管,掌管地图与地球业务团队(Geo Team)。在约翰·汉克的带领下,团队研发出了包括"谷歌地球(Google Earth)""谷歌地图(Google Map)""谷歌街景(Google Street View)"等在内的谷歌公司极具代表性的地图服务业务。

约翰·汉克以不拘泥于以往的崭新的地图创意,成了谷歌地图与地球业务的核心人物,并持续活跃于该领域。

接下来,我们来看一下约翰·汉克的思维广度。

首先,约翰·汉克利用从宇宙俯视视角下的地图图像,也就是卫星图片,开发了一款可以查看全世界任何一个角落的"谷歌地球"。谷歌地球将人类的视角提高到了宇宙上空,这一全新的地图查看方式使谷歌地球极具魅力,该业务一经公开便俘获了众多用户的心。直到现在,在谷歌公司的所有业务中,"谷歌地球"可以说仍然是继谷歌搜索之后最具影响力和流量最大的业务。在世界各地的电视节目中,我们之所以能从地球上空俯瞰新闻事件或热点话题的发生地,很多得益于谷歌地球的地图服务。

约翰·汉克并没有因为谷歌地球的成功而停下快速前进的脚步。之后,他进一步推出了"Google Moon"(通过卫星图片纵览月球表面的服务)和"Google Mars"(Google Moon的火星版本)等全新业务,约翰·汉克的视线已经延伸到了"地球之外"的广阔空间。

"我的脚步不想仅仅停留在地球这一颗行星上,我要给人们展示全宇宙所有的地理信息。"

约翰·汉克不断推出的新业务让我们感受到了他那宽阔无边的伟大梦想。

在我们的传统认知中,地图是用来看的东西,是帮助人们到达目的地的工具。约翰·汉克扩展了人们对于地图的认知,使地图应用有了更多可能性。

谷歌地球取得成功后,约翰·汉克开始在谷歌公司内部创业,创建了"Niantic 实验室"。实验室开发了一款智能手机游戏,它将地图和游戏结合在一起,并与位置信息进行了关联，游戏名字叫"Ingress"，其升级版被命名为"Pokemon GO"。

在《宝可梦GO》正式发布的时候，Niantic已经从谷歌独立出来。一眼看上去，好像《宝可梦GO》和谷歌没有什么关联，但其实《宝可梦GO》也是在谷歌内部诞生的创业项目。

顺便说一下，你可能已经注意到，Ingress和《宝可梦GO》又与传统的手机游戏存在不同之处，那就是它们对于AR技术的使用。

AR是"Augmented Reality"的缩写，中文被翻译为"增强现实"。它是一种通过将其他"信息"叠加到真实景观上而"从信息上增强真实世界"的技术。

在《宝可梦GO》发布的时候，与具有明显娱乐潜力的VR（Virtual Realty，虚拟现实）技术相比，AR技术往往被市场所忽视，大众期望值不是那么高。

然而，约翰·汉克和Niantic实验室的团队一直在探索玩转AR的新方法，挖掘这项技术的更多可能性。他们通过《宝可梦GO》这款游戏，让全世界意识并感受到了AR技术的魅力。

"地图"是从古至今一直存在的事物，不是什么新物件，但约翰·汉克却将地图延伸到了宇宙之中，并运用技术对现实世界做了扩展，因此为地图创造了新的价值。他如此优秀的创想，到底从何而来呢？

我把这样的创想和思维，称作能超越日常观感世界的"量子思维"。

案例2.

简直是"看透未来"？！拉里·佩奇和谢尔盖·布林的野心

"我们要做的是，创造一个世界，让人们在屏幕前坐下的那一刻，他想知道的内容就能一下子跳到屏幕前来。"

2003年，在我进入谷歌公司后不久——那时谷歌在日本还不大为人所知，我亲自见识了运用"量子思维"这一令人称奇的思维方法的典型代表人物。在我初次见到谷歌创始人拉里·佩奇（Larry Page）和谢尔盖·布林（Sergey Brin）的时候，他们说的那些话语特别能体现他们独特的思维。

与他们的初次见面，是在我刚进入谷歌公司后第一次去美国总部出差的时候。"我们想见见诺里奥（作者的英文名字，音译）。"应两位创始人的要求，我去了他们的办公室。

当时，两位创始人共用一间办公室，办公室很小，包括我在内三个人已经差不多占满了整个房间。谷歌公司当时的CEO埃里克·施密特（Eric Schmidt）的办公室也同样很小。总之，他们对办公室的宽敞度并没有太多要求。

我一进门，拉里和谢尔盖就对我说："诺里奥，你快去计算机前坐着看看。"

我没有推辞，直接坐到了计算机前的椅子上。我忘记当时坐的是拉里的椅子还是谢尔盖的椅子了。之后，他们对我说了这样一段话。我把这段话摘录出来，放在了这一节的开头。

"现在，诺里奥坐在那里了。我们要做的事情就是，当诺里奥一坐到座位上，他想知道的信息和画面一下子就会出现在他面前。我们要创造这样一个世界。"

这样的豪言壮语，以及它背后的使命和愿景，在今天这个时点来看，可能觉得并没有什么大不了。

但是，当时，就算是处于互联网信息服务全盛时期的雅虎（Yahoo），其所能提供的服务也不过是"首先，网站的首页上有类似'目录'一样的入口，用户点击这些链接，可以进入下一个页面看到更详细的内容，再一步一步点进去直到找到自己想要的信息"。

而那个时候，两位创始人就已经以实现信息检索的终极形态作为自己的奋斗目标，那个时候他们就已经梦想着无须敲击键盘也不必说话，自己想知道的信息便可以瞬间显示出来。当时在常人看来想都不敢想的未来故事，在他们口中是作为一定会实现的事物来愉快谈论的。

我把这种能引领我们产生超越日常观感的创意和想法的思维方式称作"量子思维"。

今天的我们，再看拉里和谢尔盖的话，不会再觉得那是痴人说梦，因为现在我们已经知道他们当时所描绘的未来故事正逐步实现。

当时，被人们认定为"科幻小说中才有的事情"，现在，已经毫无疑问地变成了"在不久的将来就要成为现实的事情"。

十几年后，我们的日常观感终于追赶上了两人的超前认知。坐到椅子上的瞬间，不用敲击键盘也无须说出任何指令，自己大脑中想要知道的内容便可以呈现眼前。这种近乎极致的信息服务，在不远的将来应该就能变成现实了。

案例 3

瞬间抓住事物本质的能力？ YouTube 的创始人查德·哈里和史蒂夫·陈

接下来是一个篇幅较长的案例。这个案例还与谷歌在日本的团队有关。这一切始于 2006 年，当时谷歌收购了视频分享网站 YouTube。

收购的时候，日本版 YouTube 正面临着重大的问题。当时，日本版 YouTube 上充斥着非法上传电视节目的现象。

现在，不管哪家电视台都在努力提供"电视回放服务"，为让观众事后也能顺利看上已经错过播放时间的电视节目而想尽办法。然而，当时的日本，还没有这样的服务。

当时，很多第三方人员或组织将电视节目录制下来并非法上传到YouTube，这样的做法明显是违反著作权法的行为。

各大电视台采取了应对办法，它们投入大量人力物力去寻找被上传到YouTube上且著作权属于电视台的视频，然后向YouTube提出希望删除这些非法视频的请求。

因非法上传行为而大为苦恼的是日本音乐版权协会（以下称JASRAC）。许多非法上传的视频中包含了由JASRAC管理的音乐。乐曲被非法使用，JASRAC再也无力支付足够的报酬给拥有著作权的词作家、曲作家、歌手、演奏家，当时的JASRAC真是苦不堪言。

此时，正好谷歌收购了YouTube。

大家就想"无论如何，这事儿得解决吧"。

于是，很多人向我提出了解决此事的要求。我当时正好是谷歌日本公司的总裁。

我立即飞往YouTube总部，加利福尼亚州的圣马特奥，与创始人查德·哈里和史蒂夫·陈会面。

"日本YouTube现在局面很艰难。"

"诺里奥，是的，我们知道。"

听完我的诉求，两位创始人脸上流露出了非常痛苦的表情。

"那么多违反著作权的视频上传到日本YouTube，这真的是我们始料未及的情况。诺里奥，日本没有电视回放服务吧?"

电视回放服务,是指已经播放完毕的电视节目可以继续回看的一种服务,这在美国已经是非常普遍的日常服务了。也就是说,在日本发生的电视节目违法上传的问题,在美国是不会出现的,这也是完全出乎YouTube意料的一个情况。

两位创始人原来想要做的事情是"家庭视频的分享服务",而日本的现状与他们的愿景相差甚远。传播违反著作权的视频,本就不是两位创始人的本心。于是他们决定立即起身,赶赴日本。

这是谷歌收购YouTube的几个月后。没想到查德和史蒂夫在谷歌旗下的第一次海外商务出差,就是来日本。我至今还记得这件事。

平常工作中根本没有穿过西服套装的两个人,特意去买了新的西装,然后穿着西装跟我一起去拜访了JASRAC。

在JASRAC,我们讨论了很多很多,但下面的情况成了讨论的焦点。

"根据美国法律,如果一个企业在没有证明上传方存在侵犯著作权的情况下直接删除了其上传的内容,那么企业反而侵犯了上传者的权利。因此,就算怀疑该内容是非法上传的,如果没有证据证明其侵犯了著作权,要删除这些涉嫌非法上传的内容并不容易。"

而不管是JASRAC还是电视台，都希望尽快建立起如当下的人海战术一样，对上传内容是否存在违法行为进行确认的机制，而这在法律层面确实是非常困难的。

然而，面对如此难题，技术出身的史蒂夫提出了一个令大家没有想到的方案。

"请给我们一年时间。"

"请把电视节目的原始数据给我们，我们利用原始数据去确认上传方上传的内容是否违反著作权。即使只有一秒，不管是画面相同还是音乐相同，只要能确认到相同，我们都可以自动判断它违法，网站会自动做删除处理。我们会开发那样的程序。"

"只要有原始数据做对比，就可以证明上传的内容是否存在违法行为。只要证明了违法，系统就会立即自动删除。有了这样的机制，日本YouTube目前存在的违法上传问题，就能迅速得到解决。"

说起来容易，但是要开发那样的系统，实现那样的机制，一年的时间够吗？建立了这样的确认机制，真的可以杜绝违法上传行为吗？或者说，对于日本方的要求，真的会真诚地应对吗？总之，对于史蒂夫的方案，不管是JASRAC还是电视台的反应都是半信半疑。他们的回应是"嗯"，然后歪着头不置可否。

不过，我们也看得出来，YouTube两位创始人真诚的态度以及希望积极解决问题的姿态，让原本愤怒紧张的气氛在逐渐缓和。

从日本方面的反应来看，最初他们对于当时 IT 界的先锋人物——"YouTube 负责人"的到来，持有相当强的警惕心。

最初，他们可能以为这件事会由那个对违法行为漠不关心而又自命不凡的日本公司总经理来处理。

而实际上，来解决问题的却是连领带都打不好，穿西装都不习惯，却还费尽心思地穿着商务西装，态度极其礼貌而又谦虚朴实的两个年轻人。两个年轻人发自内心的惶恐和歉意，以及无论如何也要解决问题的责任心，无论如何也要做点什么的决心，感动了日本方面的人。

"那就交给他们来解决吧。"

日本方面的态度有了转变，他们接受了史蒂夫的提案，并结束了那天的会议。

之后，作为技术负责人的史蒂夫立马着手开发可以删除违法上传内容的程序。之前他的承诺是"一年时间"，而我记得实际上他带领团队仅仅花了不到半年时间，便开发好了一个应用程序。

到这里，事情解决了，但这个事情发展的结局却不仅是危机的顺利解决。下面才是这次事件的有趣之处呢。

程序上线后，上传的那些违法视频被 YouTube 自动删除了。日本 YouTube 所面临的问题顺利得到解决。

之后，我们又和 JASRAC 方面的人员见了面，他们表示非常高兴，也很感激我们。

而且，JASRAC 方面还告诉我们："有了 YouTube 开发的应用程序，版税分配的准确性都提升了。"

这是怎么回事儿呢？原来，给拥有版权的词作家、曲作家、歌手、演奏家支付版权费和报酬是 JASRAC 的工作，但是这个报酬怎么支付一直没有准确的计算依据，不得已只能采取"大致计算"的方法。而史蒂夫开发的程序却能近乎完美地统计出各类乐曲的使用情况。在程序的帮助下，JASRAC 终于可以向创作者进行准确支付了，不会再发生支付过多和支付不足的情况。

史蒂夫开发的程序，不仅解决了日本 YouTube 非法上传的问题，甚至连日本方面所面临的版权费和报酬支付问题都解决了。

史蒂夫他们在开发这款程序的时候，应该没有想到该程序还为 JASRAC 方面解决了一个附带的难题。为什么这么说？因为 JASRAC 方面并没有将版权费和报酬的计算问题告诉史蒂夫他们。

但是,如果把"程序让版权费和报酬的支付更加准确了"这件事告诉史蒂夫他们,他们估计也不会感到惊讶。因为对他们来说,这些附带功能原本就在他们的思考范围内。

他们开发的程序,为什么能在没有任何事前告知的前提下就解决了别人不能解决的问题呢?

我认为其根源是他们两人所拥有的量子思维,量子思维引领他们产生了超越日常观感的创意和想法。

天才的逻辑

这只是我在谷歌公司遇到的众多天才事例中的几个而已。

乍一看,这三个事例似乎是完全不同的故事:约翰颠覆了地图和 AR 的传统逻辑,创造了全新的价值;拉里和谢尔盖最先看见互联网的发展潜力并朝着梦想中的未来前进;查德和史蒂夫敢于直面 YouTube 所面临的问题并展现出了超乎期待的问题解决能力。

但是,客观分析就会发现,这几个事例其实蕴含着共同的特点,我简单总结如下。

- 他们都在追求史无前例的,能让世界焕然一新的价值。
- 他们都在追求自己喜欢的,自己擅长的东西。
- "在坐下来的瞬间,自己想知道的东西就能立马显现""创造宇宙级别的地图",他们所追求的愿景和描绘的蓝图特别宏大(如科幻一般)。
- 传统地图变成了 Google Map,地图和 AR 结合便形成了全新有趣的游戏,"他们不会止步于某一个目标的实现,他们会在已经实现的目标基础上去发现更多可能性"。
- 他们的创造,会带来一次次足以改变世界的变革。

大概就是这样的感觉吧。这么一列举，你就会发现，他们所做的那些不平凡的事情，其实并不是他们在刻意谋求，而是内心自发的行为。

理想的状况是，我们大家都能学会如何像这些天才一样思考，并像他们一样创造出能够开辟新时代的变革，而这也可能是我们在这个变幻莫测的时代顽强生活下去的必要选择。

我猜大家心中会有一个疑问：并非天才的我们，就算想同他们一样去思考问题，恐怕也难以做到吧？

其实，他们自己也无法用语言解释他们是如何形成这些想法的，又是如何将自己的思考与改变世界的创意连接起来的。

另外，我们要做的并不是去追赶这些天才，而是在各自的业务领域中，或者在自己感兴趣的领域中去创造新的价值，去探索新的结果。

我曾经与这些天才一起工作了近20年，获得了他们的信赖，因此有机会近距离观察他们的想法和行为。并且，对于"未来会发生怎样的变化"这一课题，我也形成了自己的认知。在本书中，为了让大家能够成长得更加贴近上述五个共同点，我将从本人的视角出发，向广大读者朋友分享实现以下这些目标的方法：

- 我们不是天才,但可以一点一点地向天才卓越的想象力靠近。
- 了解天才的想法,找到解决问题和创造新价值的线索。
- 天才的创想如此奇妙,如同他们就是来自未来世界。我们可以探索天才想象力的形成过程,成为站在时代最前端的人才。

在本书中,我把能引领我们成为优秀人才的基础思维方式,称为"量子思维"。

关于"量子思维"这个名称的由来,我将在后面进行解释。一旦掌握了这种思维方式,作为普通人的我们,也有可能在天才掀起的变革浪潮中,发挥我们的作用并做出优秀的业绩。

其实,坦诚地说,我本人也并没有完全掌握习得量子思维的方法。因为天才的创想到底从何而来,我还没有完全理解。

然而,2003年当我被任命为谷歌副总裁兼谷歌日本公司总裁的时候,当时的谷歌CEO埃里克·施密特告诉我,要从"成人监护"的角度来看待他们这些年轻人。从那时起,我就一直在做这个工作。

所谓"成人监护"指的是什么呢?就埃里克自身来说,他在美国总部所做的事情,直截了当地说其实就是"像大人一样守护着公司"。

也就是说,公司采取的管理策略是让年轻人自由成长自由行动的"放任主义"。公司的主要任务是,信任这些年轻人,并守护他们让他们按照自己的想法来工作。

只有当他们的想法和行动过于超前,即将犯下别的技术前辈和商业前辈所犯过的相同错误时,公司才会出面进行干预。

当谷歌公司依靠年轻的力量不断发展壮大的时候,只有以这样的立场近距离接触和观察这些年轻的天才,我们才能在合适的时候为他们提出建议。这是我们当时所想到的,也是这么做的。

量子思维是一种思维方式,可以帮助我们这些并非天才的普通人更接近天才的思维,了解天才的想法,然后发展我们解决问题的能力和变革创造的才能,帮助自己站上时代浪潮的前端。

在这里我还想补充说一句的是,只要不是刻意追求完美,其实谁都可以拥有量子思维。我这么说可能大家会觉得有点不可思议吧。

通过本书,大家能够接触到量子思维的内容,只要能掌握其中某些部分,你就可以成为活跃在新时代最前沿的人。

量子思维会给未来带来什么

那么,当我们掌握量子思维后,未来会发生什么呢?在本章的最后,我们将讨论这个问题。

在不确定的时期,克服"不可思议"所带来的冲击

接下来,我将进行详细说明。在现在这个时代,以日常思维来看根本不可能发生的事情,却理所当然地不断发生着。

通过对量子思维的学习,或者更具体地说,掌握本书所提出的"知识体系"构建方法,你将能够以自己的方式看到世界的全貌,并能接受这些"不可思议的事情"。

也就是说,当"不可思议的事情"一旦变成现实,而周围的人都在感到震惊和恐慌的时候,拥有量子思维的人却不会为此感到惊讶,他们可以平静地接受变化并从中抓住属于自己的机会。

能接受这些"不可思议的事情",也就意味着,不管未来世界如何变化,我们都具备拥抱全新变化并顺应这些变化的能力,而不至于被这些全新变化所淘汰。

在我写本书的 2021 年，对于新冠肺炎疫情不断扩大的恐惧和不安正在全世界蔓延，因为这突如其来的新型冠状病毒，人们的生活方式和价值观也在不断发生变化。毫无疑问，与新型冠状病毒共存的新常态、远程办公的推进、在线服务的扩大，等等，这些看似"不可思议的事情"正在顺理成章地进入我们的生活，而且改变的速度越来越快。

随着越来越多的工作和服务转为线上，迄今为止一直存在的东西和现象，可能被迫结束自己的使命。

比如，50 年后的日本再也没有"上下班高峰"这样的现象，可能也不再是什么不可思议的事情。

一直以来理所当然地存在于资本主义社会的基本要素正在崩溃，一个新的时代正在诞生。

"不用专程跑去公司，在家也能开展工作？"

这类不可思议的事情，未来还会不断地涌现出来。

当这些"不可思议的事情"在没有任何预兆的情况下突然到来的时候，我们不会感到任何惊慌和惧怕，我们可以勇敢地拥抱这些全新变化，并活跃其中。这就是我们学习量子思维最大的受益点之一。

在最终决策之时，寻找"第三种选择"

了解量子力学的世界——即使只是粗略的了解，并学会用量子思维来看待问题，也能够让自己从一直以来受自我认知和社会制约的常识中解放出来。

这可以为我们开辟一个新的决策途径，使我们能够在以往只能被迫做出"是或不是"的决定的情况下，多一个"既允许是又允许不是"的新选择。

其实，我之前介绍过的关于YouTube创始人查德和史蒂夫的事例就是一个非常好的例子。

在面对"即使是违反著作权也要继续提供视频服务"还是"停止视频服务以保护著作权"的选择时，他们给出的解决方案是"既要继续提供视频服务又要保护著作权"，这就是他们所思考出来的第三个选项。

"确保创作和表现的自由"与"实现对著作权的保护"两者兼得的做法，直到现在仍然作为社会课题经常被讨论。

对于难以解决的课题，能够提出第三种解决方案，甚至提出更多的解决办法，这就是量子思维的魅力。而这样的能力，也正是我们这个新时代所需要的。

"仿佛来自未来"般的预测力，引领成功到来

更进一步，如果一个人能深入掌握量子思维，在其他人看来，他仿佛是能预测未来的人。

比如，2003年我进入了一家名不见经传的新公司——谷

歌，连公司名字都经常被人叫作"gulugulu"或"googulu"。直到今天，还有人问我："你为什么会在那个时候，选择去一家还不为人所知的新公司呢？"

几年前，我在《日本经济新闻》上开辟了一个名叫"罗针盘"（音译）的专栏，我是最早写文章提及"IoT（Internet of Things，物联网）"和"智能城市"等新概念的人。

我现在还经常被问道："十年后的今天再回过头去读你当时的文章，才发现你写的那些事情真的都变成了现实，你是如何预测的？"

虽然有些自卖自夸，但现在我可以很自豪地说，这一系列文章真的受到了业内人士的好评。如果有人读了我当时的建议，并认识到未来可能的发展趋势，然后老老实实地为未来做了准备，那我相信这些建议一定对他有帮助。

也就是说，拥有量子思维的人，在周围人看来就仿佛具备了"看透未来的神力"，能够占领时代的先机。

运用量子思维的关键是，不要给自己的创想设限。思考的时候，我们往往会不自觉地给自己画条线，然后倾向于"不超出这条线所限的范围"。

比如，你会觉得"一个物体，不可能同时出现在两个不同的地方吧"。当然，在我们的日常认知中，一个物体同时出现在两个不同的地方，这是不可能的事情。如果我们大张旗鼓地告诉周围的人"一个物体可以同时出现在两个不同的地方",周围的人一定会认为你莫名其妙,进而和你保持距离。

但是,我即将要介绍的量子,就可以同时出现在两个不同的地方。

在日常认知看来,"如果一个物体能同时出现在两个不同的地方,那这个世界将会是什么样子呢"?因此,如果我们一直沉浸在日常观感中,我们将会失去跳出日常观感进行思考的能力。

随着对量子世界的了解逐渐深入,"一个物体会同时出现在两个不同的地方",可能还只是颠覆我们日常认知的开始,我们还可以得出更多神秘的结论。

量子力学所描绘的量子世界就是这样一个充满了"不可思议"的世界。就看你能不能摆脱日常观感的束缚,去迎接时代最前沿的挑战。

而最关键的是,现在这个阶段你能不能养成量子思维。

在变革中占领先机

对于谷歌,我觉得它不是一家公司这么简单,它本身就是一场变革。

谷歌本身就是变革这一认知,是从我知道"克林贡语"

开始的。"克林贡语"曾出现在电影《星际迷航》中,电影中克林贡语是外星人克林贡人所说的一种虚构但高度完善的语言。这在当时的网络上还曾引起过一阵小小的轰动,我猜很多朋友可能知道它。

在我入职谷歌的时候,谷歌的搜索服务还在不断完善和发展中,我记得当时只能识别大概十种语言(到2020年2月,谷歌可以识别的语言达到了108种)。当时还是识别语言在不断扩充的重要时期。

当时,谷歌增加了一种搜索语言,就是上面我所提到的"克林贡语"。谷歌在克林贡语学会(热心于研究克林贡语的组织)的帮助和支持下,导入了克林贡语的搜索服务。

克林贡语的导入,是谷歌跟大家开的一个玩笑。然而这个玩笑表达了一个强烈的信号——"谷歌的搜索服务,不仅仅可以支持地球上的语言,宇宙的语言也可以支持"。这件事给人的感觉就是,谷歌仿佛不会止步于我们所生活的星球。

新型冠状病毒传播所带来的全世界范围的"新常态",毫无疑问也是一种变革。珍贵的想象力自不必说,量子思维还可以帮助你创造出前所未有的新事物,可以帮助你开创自己全新的职业生涯。

第2章

"超越日常观感"的感觉

新时代的关键词——量子

上一章我介绍了写作本书的目的。可能有的读者会有一种疑问——"为什么要把这样的思维方式称为'量子'呢?"那么接下来,我将介绍"量子思维"的命名缘由。

 从这里开始到这一小节结束,初次阅读的时候可以跳过。

日本女性名字里的量子读作"ryoko",而本书中的量子,读作"ryoshi",和人名没有什么关系。总之,你们暂且把它看作是一种微小粒子的名称。

微小,到底有多小呢?我们都学过"物质是由分子(molecule)组成的"。"分子"是单独存在的且不会失去物质化学性质的最小粒子。

大家都知道,水分子用分子式 H_2O 来表示。也就是说,1 个水分子是由 2 个氢原子(H)和 1 个氧原子(O)组成的。

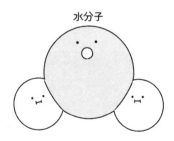

水分子

"虽然是最小的粒子,但不至于失去物质的化学性质",这到底是指什么呢?比如水分子,是构成水的最小的粒子,但它仍然保持着"温度低于0℃时变成冰(固体),温度高于100℃时变为水蒸气(气体)"的特性。

顺便补充一下,氢气的分子式用H_2表示,意味着1个氢气分子是由"两个氢原子(H)"组成的。氧气的分子式用O_2表示,意味着1个氧气分子是由2个氧原子(O)构成的。

另外,原子(atom)是什么呢?原子又是由原子核和电子构成的,原子的中心是原子核,周围有电子(electron)绕核运动。

氢原子的原子核周围有1个电子在绕核运动。氧原子的原子核周围有8个电子在绕核运动。

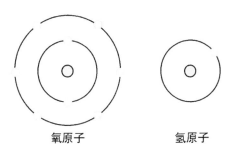

氧原子　　　氢原子

原子核又是由质子(proton)和中子(neutron)组成的。

氢原子的原子核中只有1个质子。氧原子的原子核中有8个质子和8个中子。

电子带负电荷,质子带正电荷。电子和质子,正电荷和负电荷，它们电荷相反，但电量却是一样的。

也就是说，氢原子的电子带 1 个负电荷，原子核中的质子带 1 个正电荷，正负平衡，原子作为一个整体是中性（neutral）的。

氧原子也一样。氧原子的电子带 8 个负电荷，原子核的质子带 8 个正电荷，正负平衡，原子作为一个整体是中性的。

中子（neutron），如其名字所示，是中性的，既不带正电荷也不带负电荷。

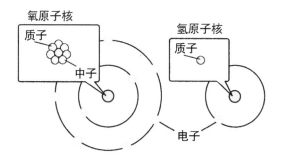

在上面内容中出现过的电子、质子、中子等，都是小到可以被称为"量子"的粒子。

"以前不都是叫它们'粒子'吗？为什么要特意叫它们'量子'呢？"

我想大家肯定会有这样的疑问。

事实上，电子、质子和中子既有粒子的特性，也有"波"的特性。

"是粒子,还是波?"

"啊,为什么会这样?!"

这里的"啊,为什么会这样?!",就是一种超越了日常观感的感觉!

体会"量子"的存在

 初次阅读的时候,可以继续大胆跳过。

著名的"双缝干涉实验"就曾为世人模拟展示了"既是粒子又是波"的奇妙体验。

运用现在的技术手段,将电子一个个地向空中发射。在发射器(电子枪)前方的墙壁上贴一张宽幅电子成像胶片,用来记录电子到达后留下的痕迹,电子到达胶片后,会在胶片上留下一个个点。在发射器和胶片之间,放置一面屏幕,屏幕上布置两条纵向并列的缝隙,缝隙之间保持一定的距离(参考下页的示意图)。

首先,将两条缝隙中的任意一条缝隙遮挡起来,保持闭合的状态,再一个一个发射电子,一共发射几百发。然后,在未被遮挡(保持开放状态)的缝隙前方,贴在墙上的胶片上会留下一条纵向的带状痕迹,看起来像一条带子。

接下来,把遮挡起来的那条缝隙打开,保持两条缝隙都是未被遮挡的状态,再一个一个发射电子,一共发射几百发。会发生什么结果呢?能想象到胶片上留下的痕迹是什么样子吗?

"这个嘛,不就跟刚刚的实验结果一样。在每条缝隙的前方,各自留下一条纵向的带状痕迹呗。"

你们会这么认为,对吧。

但是,结果却不是这样的。胶片上留下的是好几条条纹状的痕迹。你肯定会想"啊,为什么会这样?"

这里的"啊,为什么会这样?!",就是超越了日常观感的感觉!

条纹状图案,被称为"干涉条纹"。

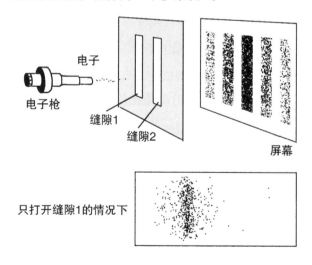

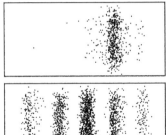

只打开缝隙2的情况下

缝隙1和缝隙2都打开的情况下

（具备波的特性的光，同时穿过两条缝隙）

接下来继续实验。我们把电子发射器替换为摄像机的闪光灯，墙上贴着的电子成像胶片替换为普通的摄像胶片，放置在发射器和胶片之间的开着两条缝的光屏保持不变，再打开闪光灯。

然后观察摄影胶片，你会发现胶片上留下了黑色的条纹状图案，图案中心区域颜色深，越往四周走，颜色越淡。

光（电磁波）也是波，它们同时通过两条缝隙到达胶片上。通过两条缝隙的波，形成波峰和波谷。波峰使彼此不断升高，波谷使彼此不断降低，波峰和波谷又发生相互抵消。这就是所谓的"干扰"。因此，在胶片上会留下干扰条纹。

这个干扰条纹，体现了波的特性，正好说明了"光（电磁波）也是波"。

"好像有点明白了,又好像没有明白",理解到这个程度,就足够了。

刚刚电子发射器的实验,不仅告诉我们"电子也是波",还告诉我们电子同时也是粒子,一个电子可以同时通过两条缝隙。

"啊,还能发生这样的事情!"

是的,的确如此。这个实验其实也在测试,在我们的日常观感中不可能发生的事情一旦发生后我们能否接受。

顺便补充一句,既是光也是粒子的物质,被叫作"光子(photon)"。

现在有一门新的物理学专门研究这些既是粒子又是波的量子,使用公式来描述量子现象,这个分支被叫作"量子力学(Quantum Mechanics)"或者"量子物理学(Quantum Physics)"。

量子力学在20世纪初得到完善,并在当下得到持续的发展。我们把量子力学的研究和发展总称为量子物理学。

日常观感和非日常观感

日常我们肉眼所见的用日常观感所感受到的世界,我们称之为"宏观世界"。

这个宏观世界里的所有现象,可以用17世纪后半期艾萨克·牛顿所创立的"牛顿力学"这门物理学说来说明和阐释。

比如,你手中拿着一个苹果,当你松手后,苹果会在一段时间后掉落到地上。这样的物体下落运动,在牛顿力学中,可以用特别详细的公式来计算和表述。打高尔夫球的时候总是出现右曲球,水从水龙头流出,以及飞机的飞行运动等现象,都可以用牛顿力学或由牛顿力学发展而来的分析力学来说明解释。

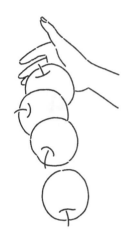

(苹果自然下落)

 从这里开始一直到"计算机也是'日常观感'的延续",初期阅读的时候可以跳过。

19世纪末到20世纪初的这段时间，原子的内部世界（可以称之为微观世界）被发现，但原子内部的一系列现象，没办法用牛顿力学或其进一步发展后出现的分析力学来解释。

"原子的内部"是指什么呢？前文曾提及，原子的中心是原子核，原子核的周围有电子在做绕核运动。

前文中还曾提及，原子核是由名叫中子和质子的粒子构成的。绕原子核运动的电子，以及构成原子核的粒子等微小的物质被统称为量子。

对于量子的行为进行阐释的理论，在20世纪初开始发展起来，此后经过大约30年的持续发展，逐渐形成一门新的力学——量子力学。英语中称之为"Quantum Mechanics"。这里的"量子（Quantum）"，也是本书书名的来源。

随着量子力学的出现，在此之前的牛顿力学以及其进一步发展后形成的分析力学等力学被总称为"经典力学"。英语中称之为"Classical Mechanics"。

为了让"从刚才开始就完全理解不了"的文科生能够充分理解，我介绍了大家已经忘记了的中小学"理科"物理的内容，以及理科生在高中学习的物理学内容。

"日常观感"本身指什么呢

把苹果（苹果或者其他什么物体都可以。因为跟牛顿力学相关，所以我暂且用苹果说明）放在手心，我们可以感受到苹果的"重量"。现在我用的词语是"重量"，用来表示苹果在手中的感觉。在物理学上，正确的表述是"一种叫作'重力'的力，压在手心上。"

这其实是万有引力在我们身体上最直观也最易懂的表现。

 不要害怕这些公式，你可以直接略过它。

万有引力，用下面的公式表示：

$$F = G\frac{Mm}{r^2}$$

F 指两个物体之间的引力，即万有引力，力的英文是 Force，所以用 F 表示。

G 指万有引力常数（Gravitational Constant），是固定值。

M 和 m 指互有引力的两个物体的质量（刚刚的举例中指地球和苹果）。

r 表示两个物体之间的距离。

对于公式中 $G\frac{M}{r^2}$ 的部分，只要是在地球表面上，无论任何地方这部分的值都一样。为什么呢？因为在地球表面的任何地方，G 万有引力常数都是一样的。M 指的是地球的质量，地球的质量是不变的。所以这个部分整体可以用一个字

母 g 来代替。*

于是,刚刚的万有引力公式就演变成了 $F=mg$。

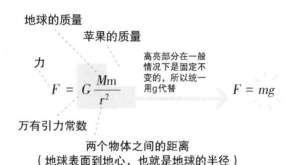

(上图为公式变形的过程)

"啊,为什么啊?!"

文科生读者们,这种惊讶的感觉是不是一下子向你涌来。那是因为你还停留在过去的阴影中,错误的教育方式给你带来了创伤,由此产生了公式恐惧症、数学恐惧症,等等。现在尝试着克服这些恐惧症吧。这是向量子思维迈进的第一步。

而且这里我所用到的公式变形技巧,只不过是初中数学一开始就学的公式变形规则:

- 在乘法算式中,字母之间的乘法符号"×"可以省略

---

* 编注:严格来说,随着纬度和海拔的变化,g 的大小在地球表面上并不是处处相等的,但这个问题超出了本书所关注的范围。本书暂且认为 g 处处相等,此后不再赘述。

不写。
- 乘法的计算顺序中,谁乘以谁,乘数的前后顺序可以自由调换。

仅此而已。

所以,$F=mg$ 和 $F=gm$ 其实是一样的意思,用这两个公式中的任何一个都没问题。为了方便起见,我们正好写成了 $F=mg$。

所以,请一定要努力一下,借此机会克服理科恐惧,克服那些"啊,怎么会这样"的烦恼和创伤,我其实已经说过很多次了,这是养成量子思维非常重要的第一步。

在量子思维的世界,没有理科和文科之分。

所以,让文科生从因错误的教育方法而产生的创伤中走出来,克服公式恐惧症,克服数学恐惧症,是本书的一大目的。

顺便把数学恐惧症也克服了吧。

接下来,我们继续说高中物理的内容。

在高中物理课上,我们会学到这样的知识。"在质量为 m 的物体上施加一个力 F,会产生加速度 a,在加速度的作用下,物体会向前运动(静止的物体会开始运动。原本已经在运动的物体,对其施加的力与运动方向一致,则运动速度会加快)。如果反方向用力,物体向前运动的速度会减慢。

也就是说，朝物体运动的反方向施力的话，原本向前在运动的物体反而会减速。

这样的现象可以用公式 $F=ma$ 表示，或者 $a=\dfrac{F}{m}$。

可能偶尔还会有"啊，怎么会这样"的感觉涌上心头。不过没关系，继续努力，打败那些曾经受到的创伤。

对吧，其实这个公式只是我们在小学数学中学过的反比例公式。只不过公式用字母表示了，把除法符号换成了分数线而已。

这个公式还表达这样的意思。"如果施加的力 F 相同，物体质量 m 越大，所产生的加速度 a 越小。反之，如果 m 越小，所产生的加速度 a 就越大。物体的质量大小，其实就好比推动物体前进的难易度。"

接下来，我们再回到 $F=mg$。

F 是施加给物体的作用力。在地球表面上，无论任何地方，重力都是一样的。

把 $F=mg$ 和 $F=ma$ 两个公式做比较，那么就可以把 g 看成是加速度 a。是的，就是这样。g 被称作"重力加速度"。在地球表面上，不管什么物体，其重力加速度 g 都是一样的。所以，苹果树上落下的苹果，会在重力加速度 g 的作用下，向地面下落。

牛顿也正是从苹果下落的现象中发现了牛顿力学。

"苹果落到地面"很厉害吗

 这一节的内容,初次阅读的时候可以跳过。

接下来,我要介绍的内容可能会更加详细具体一些。怎么个具体法呢?其实也非常简单,就是加上"单位"而已。

首先,距离单位用"米",时间单位用"秒"吧。

速度指的是"一秒的时间内可以行进多少米"。所以,速度的单位是"米/秒",即 m/s。

加速度指的是"一秒的时间内速度可以增加多少"。所以加速的单位是"(米/秒)/秒",即(m/s)/s=m/s²。

在地球表面上任何地方,g 都是固定的,g=9.8 m/s²。

也就是说,当苹果从苹果树上落下,仅仅 1 秒的时间,其速度可以达到 9.8 米/秒,然后继续下落。

虽然两秒后,苹果下落的速度可以达到 19.6 米/秒。但是,大家都知道,苹果树哪里有 19.6 米高呢,所以别说两秒,其实 1 秒不到,苹果就落到地面上了。

所以,这里的速度 v(velocity)、加速度 a(acceleration)、

时间 t(time)的关系,可以表示为 $v=at$。

三者之间的关系,通过刚刚苹果下落的例子很容易就理解了。

地球的重力加速度用 g 表示,所以,在地球上下落的速度就表示为 $v=gt$。

按照这个公式来看,苹果离开枝头后 t 秒,其下落的速度可以达到 gt(米/秒=m/s)。

g 在地球表面上任何地方都是一样的,9.8 米/秒。所以更加具体地说,苹果离开枝头 1 秒后,其下落速度达到 9.8 米/秒。

接下来我们只看这里的单位。

时间 t 的单位是秒。

加速度 g 的单位是(米/秒)/秒。

gt 相乘,单位也就成了"秒×(米/秒)/秒"。

"秒×"和"/秒"相乘,其结果是互相抵消变成 1,最后速度的单位也就变成了"米/秒"。

(上图为单位相抵消的过程)

说了这么多，我想补充的是，如果没有"秒×"和"/秒"，其实挺可惜的。接下来有一个问题，苹果在 t 秒内下落了多少米呢？如果，苹果下落的距离用 S 表示，可以得到以下公式：

$$S = \frac{1}{2} gt^2$$

虽然是文科生，我想你们学到了高中数学吧。发现了吗？上面这个公式，如果用 t 微分，可以转化为 $v=gt$。

$$v = \frac{dS}{dt} = 2 \times \frac{1}{2} g \times t = gt$$

如果觉得难，可以直接跳到"计算机也是'日常观感'的延续"那一节。

如果有的朋友连因数分解都是拼尽了全力才学完的，那么不理解上面算式中关于"行进距离 S，用时间 t 微分，可以得到速度 v"的逻辑，也没关系。

"别啊，我正在想办法克服理科恐惧症呢，请不要这么说，请继续往下讲。"肯定有很多读者是这么想的，那我就继续往下讲了。请继续看 s 的计算公式。

初中学过二次函数吧。距离 s 可以用 y 表示，时间 t 可以用 x 表示。请回忆一下二次函数的图形是什么样子。

t^2 的前面（其实就是 $\frac{1}{2}g$ 的部分）是一个固定数值。这个二次函数所呈现出来的抛物线,其实就像一把顶点朝下倒放着的汤匙。公式前面的固定值的大小,决定了这把汤匙的顶端是尖还是圆,对吧。

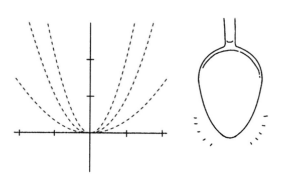

(二次函数的图像是一条抛物线,像一把汤匙)

对于一把顶端尖尖的汤匙来说,因为公式中的固定值很大,那么一旦 $t(x)$ 变大,$s(y)$ 一下子就会变得很大。这样一来,汤匙看起来就会越来越尖。

反之,对于一把顶端圆圆的汤匙来说,因为公式中的固定值很小,就算 $t(x)$ 变大,$s(y)$ 也只会慢慢变大,汤匙看起来还是圆圆的。

不过,不管是"一下子变得很大",还是"慢慢变大",随着 $t(x)$ 变大,$s(y)$ 也会不断变大的趋势是相同的。

给因"微分"而放弃数学的读者——关于"微分"的偏文科解释

"微分"指的是什么呢?在因 $t(x)$ 的增加而导致 $s(y)$ 增加的算式中,对于其增加率的计算,就叫作"微分"。

$\dfrac{\mathrm{d}S}{\mathrm{d}t}$ 是表示"因 t 的增加而导致 s 增加"这一关系的记录符号。

请看下面这张图。在图像中,s 曲线其实是由 t 的值来决定的。如果在这条曲线上找到一个点,画一条切线,那么这条切线的倾斜度就可以用 $\dfrac{\mathrm{d}S}{\mathrm{d}t}$ 来表示。随着 t 的增加,即进一步向右,我们可以看到,切线的倾斜度变得越来越大。就像这个例子中的二次函数一样,"随着 t,也就是 x 的增加,S,也就是 y 增长的速度越来越快。"

$$\frac{\mathrm{d}S}{\mathrm{d}t} = 2 \times \frac{1}{2} g \times t$$

在计算上述公式时,会用到数学中学过的微分的公式。

用 t 微分时,如果 t 是"n 次方",那么把"n 次方"的数字"n"放到前面去变成乘法,原来的 n 次方变成"$(n$-$1)$ 次方"。比如,如果 t 是二次方,那么 n 就等于 2,然后把 2 放在公式前面变成乘法,二次方变成了"2-1",也就是一次方。

那么,我们到底用微分来计算什么呢?计算"瞬间速度"。

东京到新大阪之间大约500千米,往返于东京和新大阪之间的"希望号"新干线大约行驶两个小时,那么"希望号"的平均速度就表示为:

$$\frac{500000 \text{米}}{(2 \times 60 \times 60) \text{秒}}$$

上述公式计算出来的是"希望号"的平均速度,也就意味着不可能每一个瞬间都是按照这个速度在行驶的。

如果用上面的图像来表示的话,从原点开始到某个点 t 之间的平均增长趋势,和某个点 t 上的瞬间增加趋势,是明显不同的。而微分,正好就是用来计算"某个点 t 上的瞬间增长趋势"。

对于刚刚所讲的微分的概念,感觉自己明白了的朋友,我恭喜大家。"感觉自己明白了",这对于量子思维来说,是非常珍贵的体验。

对于那种超越日常观感的感觉,我们不要要求自己从一开始就能打心底弄明白。

当然,如果能打心底弄明白,是再好不过的了。我们暂且以"感觉自己明白了"为目标。

"感觉自己明白了"就完全没问题。

"重的铁球和轻的铁球同时到达地面"的意义

不管我们的理解程度是"打心底明白"还是"感觉自己弄懂了",我们都要注意到,$S = \frac{1}{2}gt^2$ 和 $v = gt$ 这两个公式里面,都没有出现质量 m。

这就是著名的伽利略·伽利雷"比萨斜塔实验"的根据所在。这两个公式意味着,质量大的铁球和质量小的铁球,会同时下落到地面,而且到达地面时的速度相同。跟铁球的质量没有任何关系。

假设比萨斜塔的高度是 S 米,在 $t = \sqrt{\frac{2S}{g}}$ 秒之后,不管哪个铁球都会同时到达地面,而到达地面时的速度都是 $v = g \times \sqrt{\frac{2S}{g}}$ 米/秒。

计算机也是"日常观感"的延续

具备描述和解释日常世界能力的象征是计算机——也就是大家每天在使用的计算机。

现在的计算机有什么特点呢？现在的计算机是以"0"和"1"为数码的二进制，二进制构建了计算机的数据世界。

也就是说，这是两种容易识别的状态，"0或者1"，这就好比"加或者减""通电状态还是断电状态""开关开着还是关着""左还是右""是或者否"，计算机是基于这样简单的物理状态在运转。

和大街小巷上随处可见的计算机一样，我们的日常思维，也在潜移默化地受到来自经典力学的影响。而经典力学正是用来描述我们日常所体验的这个世界的。本书中，我把我们日常的思维方法称为"古典思维"。

超越日常观感的意思

在经典力学之后登场的新的力学思想——量子力学，其所带来的思维方式却是完全不同的。在量子力学的世界里，存在"0和1重叠"的状态，能观察到"既是0又是1"的物理现象。

具体有哪些现象，接下来会慢慢介绍。在经典力学看来不可思议的事情，比如电子可以穿透墙壁到达墙壁的另一面，在量子力学看来是理所当然的事情。

量子的世界，正在以与我们的日常世界完全不同的规则运行。可以说，量子本身的运动，是无法以我们的日常观感来理解的。

在以古典思维方式所创造出来的科技的最前沿，还有超越日常观感的广阔的量子世界在不断发展。认清和接受这一事实，对于我们的思维方式往量子化方向发展是非常重要的。

我们往往会对处于日常观感中的事物感到舒适，但对超过日常观感范围的事物或变化跨度过大的事物，我们通常会把它作为应该改善或尽量避免的对象来处理。

但是，第一章中我所介绍的那些天才的思维方式，却是有别于我们日常观感的全新的思维方式。

基于自己的兴趣和自己所关心的事情，产生新的创造和新的想法，这是天才的思维方式。为了能不断接近他们的思维方式，我们应该学习"超越日常观感的思维方式"，即量子思维。

微分是什么

"微分到底是什么？微分的目的是什么？"这是一个非常基本的问题。

简单地说，微分能解决的问题是，"当有一个变量存在的时候，那么在某一个瞬间，这个数到底会发生什么变化"。听起来可能难以理解，我举个例子说明，可能你们一下子就理解了。比如，关于经济增长。

我们经常会谈论到一年或半年、一个季度的经济增长率。你试试把这个期间缩短，缩短到眼前的某个瞬间。

那么，在眼前的这个瞬间，经济增长到底怎样呢？能计算出某个瞬间的经济增长率，能计算出某个瞬间的数值的就是微分。

所以，当我们描绘关于GDP（国内生产总值）的图像时，在图像的某个点上画一条切线，这条切线的倾斜角度就需要用微分来计算。

通过我的说明，你们会发现微分其实特别简单。完全没必要一听到"微分"，就产生"厌烦""弄不懂"的心理。一定要一步一步克服自身对于理科的恐惧。

最大限度利用量子的力量

虽然量子本身就是超越了日常观感的事物，但是，在迄今为止一直以"古典思维"在想问题的各位，突然一下子要切换到以"量子思维"来看待事情，还是很难的。

对于这一节的大部分内容，初次阅读的时候可以选择跳过。请大家以"虽然没有完全弄明白，哦，原来如此，有点懂了"的心态继续往下读。

在介绍相关理论知识的时候，我会尽可能地以经典力学为基础，并考虑大家日常的所见所感和日常认知。但是，量子力学本身，确实是以超越我们日常观感的想象力和创造性在描述世界。量子力学所阐述的世界"既是 yes 也是 no"，所以它不是一个非黑即白的简单世界。

接触量子思维以后，首先要摒弃"我的日常观感就是最好的"这一思维方式。当一些自己无法理解的事实出现时，首先接受这个事实，如果不理解就诚实地保持不理解的态度。就算不喜欢，也暂且保持接纳的心态，一切先向前看，你要把这样的思维方法当作正确的思维方式。

工作和人生也有"日常观感"无法解释的时候

"虽然没有完全弄明白,哦,原来如此,有点懂了",保持这样的心态即可。

量子力学的构建始于20世纪初,1926年薛定谔提出波动方程式,标志着量子力学第一阶段构建结束。

那之后,为了能和发表于20世纪初的爱因斯坦"狭义相对论"相结合,量子力学领域发展出了"克莱因·戈登方程"和"狄拉克方程"。这些理论经过朝永振一郎和理查德·费曼的进一步发展,最终形成了更为抽象和更具一般性的"量子场论"。

现在,为了能与发表于1915年的爱因斯坦"广义相对论"相结合,人们正在积极研究"超弦理论"和"量子引力理论"。

现在,这些理论已经超过了"量子力学"所能涵盖的范畴。在本书中,当需要提及这些理论的时候,我会叫它们"量子物理学"。

今后,当量子力学和其进一步发展之后形成的量子物理学的秘密被揭开的时候,当基于量子物理学的新技术被公之于众的时候,我们要做到的是不再感到不可思议,要把以古典思维无法企及的世界当作理所当然的事情来看待。

实际上，在科学技术领域，人们已经越来越多地在利用量子力学的研究成果。

比如，已经被称作"古典计算机"的电子计算机（也就是大家手中的计算机），众所周知，是由晶体管、集成电路等众多零部件组装而成的。

这些零部件是由"半导体"材料做成的。而半导体技术的基础理论，其实就是量子力学。铜、金等导电性非常好的金属被称为良导体，木材、橡胶、塑料等被称为绝缘体，而导电能力介于二者之间的材料被称为半导体。解释说明其性质所必需的理论就是量子力学。

说到半导体，就不得不提及因隧道二极管的发明而成为日本历史上第四位获得诺贝尔奖的科学家江崎玲于奈博士。

其实，隧道二极管也运用了"量子可以穿透墙壁"这一极为不可思议的现象。隧道二极管的发明，可以说是基于"不可思议的现象"而产生的新技术。

我们生活在"不可思议"的现象和技术所支撑的时代，我们一定要让自己的认识跟上这些不可思议的事。能不能让自己的认识与其同步，决定着你能否跳出古典思维的定式，能不能尽快接近量子思维。

到了该对本章进行总结的时候了。帮助和支持你从古典思维转变为量子思维，是本书希望达到的目的。

第3章

形成量子思维的方法
——构建"知识体系"

超越通识与素养课程

近年来,人们越来越关注"通识教育"和"社会人的基础素养"。

通识教育是实践类知识和一切学问的基础。在古希腊和古罗马时期,通识教育指的是"自由七艺"。

"自由七艺"指文法、修辞、逻辑、算术、几何、天文、音乐。可见,在古代,人类就已经把这些基础学科作为发现和解决答案未知的问题和发现新问题的基本方式在学习。

回到我们的生活中,我们在义务教育阶段必须要学习的语文、数学、科学、社会、美术手工和音乐等学科,其实正是通识教育里基础中的基础。

学习了这些基础学科之后,我们可以进一步探究美,寻求真理,建立基础知识体系,引导我们不断深入思考。

但是,在我个人看来,虽然通识教育是我们每个人的必修科目,但是能有意识地合理运用这些通识知识的人却少之又少。

因为,我们在走向社会后,如果不能把在通识课程和素养课程中学到的知识融入自己的知识体系(Frame of

Reference），这些知识对我们来说最多只能算是一些知识片段。

量子思维的基础——知识体系

本来是应该介绍关于量子思维的内容，在这里我为什么要介绍通识教育呢？我有我的理由。

因为，在我看来，能充分利用好通识知识的方法——知识体系和克服理科恐惧症与掌握基础的理科知识一样，是掌握量子思维不可或缺的重要方法。

光看这几个字可能难以理解，换句话说，其实就是指日常学习和生活中获得的知识、经验、信息，能和与之相关的其他事物轻松形成连接和联系。

形象地说，是指在每个人的大脑中形成一张类似互联网一样的交错连接的知识网络。

"Frame of Reference"一词，也是心理学术语，在心理学中它是被这么定义的：

"我们将外部信息存储在大脑中合适的抽屉里，长时间正确保存，并能在必要的时候迅速找到和获取这些信息。在大脑中创建这样一个系统，就称之为'Frame of Reference'。"

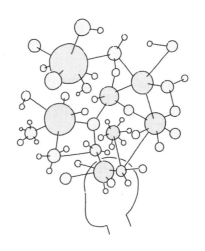

（上图为大脑中的知识网络示意图）

我也是按照这样的感觉，在自己的大脑中形成了一个知识体系。"外部信息"是指在人和人的交流中、日常的工作学习生活中所获得的知识，以及从所到之处得到的刺激，自己的所见所闻所感等，还有从其他人或者从书上获得的知识。

总之，我想说的是，将从外部获取的知识和信息正确地存放进大脑，构建一个"巨大的知识架构和知识体系"特别重要。形成知识架构和知识体系之后，才有可能形成"量子思维"。

形成知识体系还有两点需要注意："存取知识"和"构建知识体系"。

将人人皆有的"大脑数据库"变丰富

搭建和形成"知识体系"的工作,完全没有必要从零开始。这是因为我们构建知识体系的时候,可以运用我们迄今为止学习到的知识和经验。

在这里尤其管用的是,学生时代我们学过的算术、科学技术、社会实践、英语、音乐、美术手工等几大科目。

学生时代学习这些科目的时候,有人就曾经心生疑惑,觉得以后在社会上根本用不到这些知识,就这样边怀疑边学习,到最后也没学好。

那么,学的时候觉得"将来在社会上用不着"的科目,在你走向社会之后真的毫无用处吗?真的是浪费吗?可能每个人想法不同,但我觉得学过的知识绝对不会是浪费。

每个科目的学习,都不单单是获取知识这么简单。实际上,按照教学计划,各个科目之间是有联系的。各个科目的学习,其实是在帮助我们无意识地构建自己大脑中的知识体系。

进一步往前追溯,从我们还在母体内的时候开始,到现在你手握这本书的这个时刻为止,你都在不断地构建和形成自己的知识体系。

只是说,你走向社会后所学习的知识和经验,不会像学生时代按照教学计划分科进行而各科之间又彼此交错,并且学生时代是被动搭建自己的知识体系。

而走向社会后的我们,是明确意识到知识体系的重要性之后,自己主动搭建更高层次的知识体系,知识体系的搭建过程更加精细,更加有目的性。

"构建知识体系我弄懂了,但是这和量子思维有什么关系呢?"可能有的朋友会有这样的疑问。我所介绍的"量子思维",是以有意识地构建起来的优质知识体系为基础而培养和建立起来的全新思维方式。

如何构建知识体系

关于知识体系,我刚刚介绍了一些概念性的内容。接下来,我将介绍自己是如何搭建知识体系。这属于个人的经验之谈。

我为何能形成自己的知识体系

大学毕业后,我进入日立电子工作,担任小型计算机的系统工程师。

我在日立电子的工作内容,简单来说,就是拜访各个研究所,了解研究所的老师们正在研究的内容,然后给研究所提案,比如,"研究所目前正在进行的研究,这些部分的内容可以利用计算机自动化完成"。

研究所的研究涵盖物理、医学等多个领域,我必须知晓这些研究领域的知识。如果我不懂他们的研究内容就没办法和他们进行交流和沟通。即使我去提案,也会因知识不足而偏离方向,让我的公司最终输给其他竞争对手。

所以,我首先要做的是了解老师们正在进行的研究,弄清楚他们要研究出什么样的成果。

于是，每当我拜访完研究所的老师，在回程的路上我会顺道去公司所在的JR（日本地铁）中央线武藏小金井车站附近的书店，在书店寻找与我当天所接触到的专业知识相关的书籍。

我不会找厚重的技术类书籍来看，我会买轻便的、字体较大的、有很多插图，而且能从整体上把握概况的书，从中学习专业领域的知识。

这种书字体较大而且有很多插图，所以最多认真阅读一个小时就能把书读完。我把这样的读法叫作"一知半解"。对于一些细枝末节的地方，即使看不懂我也不会管它，我会抓住自己能理解的地方进行研读。

达到一知半解的状态后，我就能大概把握老师们的想法，"哦，原来今天研究所老师想要表达的内容是这样的啊。"

这样下来，我就可以达到"差不多知道了"的水平。在理解了专业知识的基础上我再去提案，获得了来自研究所老师的好评——"哦！虽然有些地方还有些误解，不过这家伙知道我们到底想要做什么呢。"

我一直坚持着这种"一知半解"的学习。基本按照一年200本书的节奏在不断学习，不断阅读。因为这项工作，从1970年到1978年的八年间我一共读了1 500本不同领域的书籍。

我并没有为自己设定具体的目标，可是不知不觉间我的阅读量已经达到了这么大的数量。专注于某个领域去阅读的人很多，但是纵观世界都很难遇到像我这样涉猎不同行业和领域，"一知半解"地粗略阅读了 1 500 本书的人。

在阅读这 1 500 本书的过程中，我不仅了解到了单个领域内部的知识联系，还看到了各个领域之间的共通点和关联性。经过不断的积累，从某一天开始，我清楚地意识到，我自己的大脑中可以形成了一个知识体系了。

从那以后，每当我见到新的专业领域的老师，听了老师们关于其所在领域的介绍，看了相关说明后，我就会将新的知识填充到我的"知识体系"中。

当我自己产生一些新的认识后，我的直觉会告诉我——"这个知识点，和我这段时间在读的这本书中的那个知识是相关联的"。

更进一步，我还能比较准确地想象到"今后什么样的产业会大有发展"或者"那个行业会怎样发展下去"。

知识体系带给我的是我离开日立电子之后的职业生涯，以及在前文中曾提及的在《日本经济新闻报》"罗针盘"专栏的写作经历。

所谓知识体系的形成，换句话说其实就是，形成可以超越专业和领域的限制、串联起各个学科知识的联系。有意识地构建自己的知识体系，可以锻炼我们以宏观视角看问题的思维模式和灵活应对万事万物的能力。

被大家称赞的"胡说"技术

当有关于量子计算机的研发、智能社区的建设等事件的新闻报道时,往往会有媒体找到我,问我怎么看待这些事情。对此,我会知无不言,言无不尽。而我的看法,往往会让媒体觉得大为震惊——

"为何您涉猎如此广泛,对多个行业都知道得如此详细?"

"对于今后的行业展望,为何您的判断总是如此准确?"

"您还知道哪些消息啊?"

对此,我会半开玩笑地说,"这些啊,都是我'胡说'的啦"。其实,我觉得这正是我的知识体系在发挥作用。

所以,一旦形成了属于自己的知识体系,今后不管遇到什么主题都能够灵活地应对,而且不仅局限于某个主题本身,你的思维可以一下子扩展到与那个主题相关的各个领域。

将大量的知识装进我们的大脑,不仅可以让我们瞬间从不同的储存"抽屉"里"拿出"新的创意、新的点子,还能破解自己所面临的课题,并能想到全新的,甚至超越日常观感的解决方案。

一个人的知识体系越完善,内容越丰富,当面对自己不了解的领域时,即使是不了解的情况下,也能利用自己已经掌握的周边领域的知识"胡说"一通,让自己显得略懂一二。

这里的"胡说",绝不是一知半解蒙混过关的钻营技术,而是一个人以广阔的视野去看待事物,从中感知到事物发展的本质和规律,并在建立起自己的知识体系之后,才能得心应手的一种技能。

大家叫我"幸运村上"的原因

依靠强大的知识体系和敢于"胡说"的技能,到底给我带来了什么样的影响呢?接下来,我将一一介绍。

继日立电子工作之后,1978年我进入美国数字设备公司(Digital Equipment Corporation,以下简称 DEC)日本分公司。DEC 专注于计算机制造领域,当时是世界级的大公司。1981年,当时的日本通商产业省(现为日本经济产业省)开始推动人工智能机器的研发项目——"第五代计算机项目",我被选为负责该项目的部长。

当时,DEC 美国总部送来了一个大箱子,里面全是关于人工智能的学术类文献。我很快读完了这些书,对于人工智能的认知和理解达到了很高的水平，甚至被人们称为"Mr. AI"（人工智能先生）。

面对如此庞大的资料量，能以压倒性的速度尽快把它们读完，听起来犹如天方夜谭一般，但正是我所擅长的"一知半解"的阅读方法帮助了我。

说实话，其实我只仔细阅读了其中的三分之一。在我多年来形成的知识体系的帮助下，我发现剩余三分之二的内容，在我仔细阅读过的这三分之一里面已经涉及，这三分之二的内容很多是在不断重复，所以我只需要快速浏览过去即可。针对这剩余的三分之二，我只需要读取一些新的知识点，理解其本质内容就足够了。事实上，在我后面的工作中，也并没有感觉什么"知识不足"的问题。

对不了解的领域，就算是在不了解的情况下，依靠自己已经建立起来的知识体系，也能得心应手地"胡说"。于是，我很快被认为是人工智能领域的专家，这样的口碑为我此后的职业生涯提供了重要助力。

1986年，我接受任命远赴DEC美国总部的人工智能技术中心工作，此后的五年间，我非常幸运地更进一步加深了对于人工智能领域的认识。

之后过了很久，我成为谷歌公司副总裁兼日本公司总裁。谷歌选中我，很大部分原因在于我在人工智能领域的工作经历。

其实,"Mr. AI"的美名早已成为过去。当我进入谷歌公司的时候,老实说,对于一直在不断发展的"自然语言处理""机器学习""神经网络"等最新的人工智能技术,我还是知之甚少,需要从头开始学习。

但是,当时的谷歌 CEO 埃里克·施密特在录用我的时候,对我说了这样的话。"其实我本人也不懂人工智能的最新技术。但是,诺里奥给我的感觉是你很懂。"

这也正是我的"胡说"技能帮助了我,让我的职业生涯有了一次大的飞跃。从人工智能和计算机兴起伊始,一直身在其中的我,就算是与谷歌的年轻员工同台竞争,我仍然可以有自己的一席之地,并作为该领域知识和经验都很丰富的老人,在谷歌的事业发展中贡献出了自己的力量。

回顾我的职业生涯,很多人叫我"幸运村上"。我自己也认为是"好运"带我走到了现在。

但是,为了能获得这份幸运,我坚信,在参加工作后我所读的大量书籍,吸收到的大量知识,在此基础上不断形成和扩大的知识体系,是必不可少的。也正是它们,让我得到了这份幸运,得到了这些难得的经历。

埃隆·马斯克迅速崛起的原因

以公司规模推进构建和有效运用知识体系的，应该是特斯拉及其 CEO 埃隆·马斯克吧。

特斯拉，不用我多说大家也知道，它是一家非常知名的电动汽车制造企业。但其 CEO 埃隆·马斯克却是 IT 行业出身。他按照 PC（Personal Computer，指个人计算机）的创想来制造电动汽车。可以断言的是，电动汽车的零部件的数量，比传统的燃油汽车要少，更为贴切的说法是，甚至比 PC 还要少（更进一步说，其减少的程度可以用"锐减"来形容）。

埃隆·马斯克的想法，还要更进一步。

关于 PC 的话，最成功的 PC 制造企业莫过于戴尔。埃隆·马斯克希望学习戴尔的商业模式，他像戴尔创业初期一样，采取了完全按订单生产的模式。

埃隆·马斯克认为对电动汽车来说，不管从制造成本方面看还是从汽车造型角度看，电池都是其最大的零部件。为了将电池作为自己的核心竞争力（竞争对手无法模仿的关键性能力），他借助电池供应商松下公司的力量，建立了自己的电池生产工厂。

他甚至提出了"在车主们停车期间，电动汽车的电池能兼做家用电池使用"这样的设想。基于这样的设想，他认为应该解决家庭充电节能的问题，于是他开始涉足家用太阳能电池板的研发制造。

从这个时候开始，埃隆·马斯克注意到了电动车的零部件和家用产品零部件在品质管理方面的差异。

后来，很突然地，他选择了进军零部件品质管理最为严格的火箭行业。他抛出要"移居火星"的想法，震惊世人，在大家以为他在说大话的时候，他又成立了专注研制可回收火箭的"Space X"公司。他不仅研制出了属于自己的火箭，还克服重重困难，让自己的火箭取代了NASA（美国国家航空航天局）此前用于核导弹技术的运载火箭，并被NASA所采用。真是一大壮举。

最近，他又进军大脑和机械相融合的BMI（脑机接口技术）领域，成立了"Neuralink"公司，并成功在活猪上完成了脑机接口试验。

猪被认为是身体结构最接近人类的哺乳动物。活猪脑机接口试验的成功，意味着人脑脑机接口试验也离我们越来越近了。

BMI是IT技术发展过程中出现的新的创新，火星移居计划和长时间太空旅行也会逐渐进入人们的视野中。人类为了能在火星等环境生存下去，下一阶段要做的事情应该是，如何创造出能适应新环境的拥有脑机接口的赛博新人体。

埃隆·马斯克本人也拥有极其强大的知识体系，在此基础上，他还一定拥有超越日常观感的量子思维。

像埃隆·马斯克一样，可以将各种各样的知识用恰当的方式融入自己的知识体系中，并在必要的时候，快速地从知识体系的"抽屉"中拿出所需的知识。利用其知识体系和思维的强大力量，当埃隆·马斯克在面对一切课题的时候，他能够以适当的试错高效高质地解决这些问题。

丰富知识体系的方法

关于大脑中的知识体系,以及构建知识体系的重要性,大家都理解了吗?

作为前提条件,大家一定要有关于知识体系的认识,并且有要在自己的大脑中构建知识体系的意识。在此基础上,接下来我将介绍能让量子思维变为可能的知识体系构建方法。

在这里,我建议大家试试这五个方法:
① 书籍和视频影像的大量输入;
② 学习通识课程;
③ 学习量子力学;
④ 学习英语;
⑤ 学习社会人必备的财务三表(损益表、资产负债表、现金流量表)和合同书。

从现在开始克服理科恐惧症

对于上述建议中的第三点"学习量子力学",作为其前提条件,需要大家关注的就是我一直在说的"克服对理科的恐惧"。

对于理科有恐惧心理的朋友，面对即将到来的未来，我希望通过本书能让你们从根本上消除对理科的恐惧，并从根本上扭转日本一直以来所持有的文理分科的常识。因为这可以帮助我们构建知识体系。

我发现很多朋友对于理科的恐惧心理，是来自高中时期的数学、物理、化学等学科。

很多自称是理科专业的朋友，一旦说到量子力学和量子物理学的话题，也似懂非懂。

就像之前介绍的那样，量子力学和量子物理学是超越我们日常观感的学科，所以，即使是理科专业的朋友，说到量子的话题，也会像"过敏反应"一样有种拒之千里的感觉吧。

量子的世界，是一个对于理科学生来说都"不可思议"的世界；那么，文科的朋友们完全没有必要因为自己是文科生而产生畏难情绪。

而且，以量子计算机为代表的量子力学应用技术，正在以让你没法开口说"理科我不行"的速度，朝我们走来。

如果以"数学、物理我不擅长"为借口，不仅自己的知识体系不能发挥作用，而且你也无法站在一条能够在科技最前沿大展身手的起跑线上，这样一个全新的竞争时代正在到来。甚至可以说，如果你不跟上科技发展的步伐，你将被时代所抛弃。

所以，通过"一知半解"式学习广泛涉猎文科和理科知识的我，在本书中，将以打败理科恐惧症为目的，以"浅显易懂"的方式来进行说明，希望以此让大家亲身体会和感受量子力学的魅力。

可能有的朋友在想：那我到底需要先掌握量子思维，还是先消除对理科的恐惧心理呢？其实没有必要从一开始就掌握所有的内容。"一知半解就好"，说好听点就是以"没必要那么较真"的心态去读这本书就可以了。

到这里，终于可以开始就量子思维的基础——知识体系的构建方法，进行说明了。

书籍和视频影像①
成人必须持续不断地输入

对于知识体系的构建以及今后持续不断的知识扩充来说，首先需要的是知识和信息的获取。而能够快速掌握的方法有"阅读"和"探寻更深层次的新闻"（比如"观看调查类节目和纪录频道"），等等。

获取知识和信息的来源，不一定非得是文章类材料。互联网时代，看视频也能帮助建立知识体系。不单是每天发生的时政新闻和社会事件，还有一些小众的领域我们也可以涉猎，总之我们要对更宽广的知识领域抱有兴趣，为构建和形成更加丰富的知识体系而持续努力。

在这里必须记住的关键点是："一知半解"即可。也就是说，我们不以深刻理解为目标，我们要专注于抓住和获取事物的本质。

完全没有必要去理解和探究过于细节的东西，也没有必要非得把看过的内容都记下来。

粗略一看，即使是与你的人生完全不相干的领域，通过"一知半解"式的学习，充实和扩展自己的知识体系，没准儿也会成为你解决当前课题和困难的一种途径。

更或许，你所学习的东西，跟你现在没有任何关系，但是在未来的人生路上，没准儿就会为你提供帮助。

接触到新的领域的知识后，一定不要忘记把这些新知识添加到自己的知识体系里面。不需要深入理解这些知识，只要能想到诸如"这个知识点，可能与那个信息有关""这样的见解，在这个领域可能也能适用"，能在大脑中产生这样的链接即可。

即使是完全不相干的领域，有时候其最根本最基础的部分是相通的。其相通的部分，用一个词来概括，就是"本质"。

本质有很多，而且不同类别的本质还会派生出不同的知识领域。当你不断接触新的知识领域，不同类别的知识领域就会不断扩展，不断充实，最后你的知识体系会越来越大，价值也会越来越高。

关于知识体系的作用，在之前介绍的埃隆·马斯克和特斯拉迅速崛起的案例中已经得到了充分的体现。

书籍和视频影像②

读科幻小说，正大光明地"窥视"他人的知识体系

在本书的沟通会议上，我曾被问到这样的问题，"如果想要理解和形成知识体系，有没有什么书可以推荐的呢？"

针对这样的问题，我的回答是"科幻小说"。为什么呢？因为读科幻小说，可以直接"看见"作者的想象力，想象力就是知识体系给作者的赠礼。

我在前文中曾介绍过，我曾经有过在DEC美国总部的人工智能技术中心工作的经历。那时我的主要工作，是拜访全美国的大学和研究机构中负责人工智能领域的研究人员，收集最前沿的研究信息。

那时候我注意到，在人工智能学者的研究室及其周边的空间（走廊上或公共区域等），科幻小说就像小山一样堆放着，不仅有畅销类科幻作品，还有很多国外的科幻小说和科幻小说中的经典名作。

当时，我对于负责人工智能研究的学者读科幻小说这件

事没有太多认知，于是我就请教了一位老师，那位老师是这么告诉我的：

"虽然科幻小说所描写的内容都是现实中还未创造出来的想象中的事物，但科幻小说又是基于现实的创作。科幻小说中的一些创意和点子，会给我们提供很多人工智能研究的突破口和线索。"

确实，科幻小说所描绘的世界是基于现实世界的，却又跟现实世界不同。科幻小说描绘的是未来科学技术的发展，历史如果重来所产生的新的结果，或者未来出现的新生物和细菌等，这些都是基于作者自身的知识体系所创造出来的世界。

科幻小说中所呈现的超越日常观感的创意，以及与这些创意相关联的原始知识，对研究人员非常有用，可以刺激研究人员产生超越日常观感的创意和点子。而对于我们来说，科幻小说可以帮助我们扩展和形成自己的知识体系。

不管书籍、漫画，还是电影，都是接触其他人想象力和其他人的知识体系的好机会，能够有助于自己知识体系的扩充。

接下来，请大家带着快乐去体会和实践一下吧。

通识课程

接受日式教育的人更应该积极学习

通识课程也可以帮助我们形成丰富的知识体系。特别是在日本完成高等教育，也就是认真完成了四年制大学学习且已经毕业的人，更应该有继续学习通识课程的意识。

通识课程，帮助我们提高"探寻暂无答案的问题的能力"和"提出新的问题的能力"。

但是，实际上，在日本的课程体系中，很多时候并没有丰富的通识课程。把各个国家的大学课程相对比，差异就显而易见了。

比如，在美国，进入文理学院是学生升学的传统路径。学生们在通识课程中掌握了各类学科的基础知识后，才会各自选择攻读法学、医学等硕士学位。

这种情况在哈佛大学和加利福尼亚大学等高水平大学中更加突出。

在国外，通识教育特别重要。优秀的年轻人在选择自己的专业之前，会认真扎实地学习通识课程。

但是，与之相对的，在日本的课程体系中，学生会在较早时期区分理科、文科、法学、医学等不同领域。一旦选择了这样的专业化道路，学生只能一心专注于自己所选的专业领域。非常遗憾，在这种情况下，学生很难掌握通识课程。

相比其他国家的学生，虽然我们可以学习更多的别人已经得出了的答案（知识），但是我们也失去了提出新问题的机会，以及探究还没有答案的未知领域的机会。

日本的教育，可以让学生拥有专业性极强的知识，但是缺乏如何运用广阔的视野从多角度解决当前课题的创新思维和想象力。

在创新性和革新性思维方面，与欧美各国相比，不得不说我们是落后的。

日本目前的问题，与其说是对通识课程理解不足，倒不如说是原本就没有通识课程的想法，最后导致知识体系的不足。

所以，读者朋友一定要重视通识课程的学习，因为这关系着我们知识体系的形成。学习了通识课程，我们可以开阔视野，还可以得到无论时代如何变迁都能发挥作用的大脑。

能纳入知识体系中的内容，并不一定非得是语言类的内容。如果是艺术家的话，以绘画和音乐为主要内容也未尝不可。

人类是以语言来思考的生物，所以我们可能无论如何都希望把知识语言化。但是，针对通识课程的内容，没必要非得纠结于是否语言化。

量子力学①
谷歌只用了一个公式来表示

虽然很多学理科的人都未曾接触过"量子力学"这一领域，但我依然想把它作为必学内容推荐给文科朋友们。

如前所述，这是"量子思维"这一名称的来源。

对于希望在纷繁变化的世界，发挥自己力量并活跃于世界最前沿的人来说，一定要在你的知识体系里面新增设一个"量子力学"的位置。

为什么必须学习量子力学呢？

因为，量子力学所描绘的世界跟我们迄今为止的日常观感存在根本性的差异，而且在今后能改变世界的技术中处于最前沿的位置。对此，就算是"一知半解"也没关系，将本书读到这里的朋友，应该能明白我的意思。

是的。没有必要认真思考到底怎么回事。即使"一知半解"也没有关系，充满自信地去学习即可。这才是量子思维的态度。

我重复一下，即使是对已经修完理科课程的朋友来说，"量子力学"以及在其基础上发展起来的"量子物理学"所阐释的世界，都绝不是那么容易理解的。

只是，一旦量子的世界被表述为一个数学方程式，理科专业的人会很容易理解，或者学理科的人在面对量子的世界时，很容易产生一种"就算历经艰辛，只要能解开方程式就可以"的探究热情。也许正是探究热情的有无区分了人文学科与数理学科。

在"接受超越日常观感的全新世界"这一点上，文科也好，理科也罢，是没有任何区别的。在量子思维面前，其实与文理科没有关系,任谁都需要超越学科的界限去掌握新的思维方式。

从这里开始到"量子力学③"为止的这部分内容,初次阅读的时候,跳过即可。

比如,我之前所在的谷歌公司,其美国总公司就是建立在理科思维上的。当时,公司租了面积不大的三栋楼,作为总公司所在地,公司还为每栋楼取了名字,分别为"e""i""π"。

这三个看起来很普通的字母,实际上是基于下面这样的逻辑:

首先,"e"是自然对数的底数。用数字表示的话,e=2.71828……

i,即使是文科的朋友也是知道的,它是虚数单位,i的平方等于–1,即$i^2=-1$。

π是圆周率,我们都知道π大概等于3.14。

为什么公司的办公大楼要用这三个字母来命名呢?因为这三者之间又存在一定的关系。

$e^{i\pi}=-1$

也就是说,e的iπ次方得数是–1。这就是"欧拉公式"。

可能正是这几栋大楼的名称,象征着谷歌是基于理科思维而创造的吧。

 谷歌实际上是量子思维的产物。

对于文科生来说,虽然能回忆起"i"和"π",但是对于自然对数的底数 e,可能还是第一次听说。那么在这里,我针对 e 稍微说明一下。

首先是对数。你可以想象是某个数的 n 次方。

假设以 10 来计算。10 的二次方就是 100,三次方是 1000,对吧。那反过来说,100 是 10 的几次方呢?计算这里的几次方,便会用到"对数"。用符号"lg"来表示。

也就是说,lg100=2,其含义是,"100 是 10 的几次方? 2 次方。"

接下来,lg1000=3,其含义是,"1000 是 10 的几次方? 3 次方。"

表示"10 的几次方"的对数,就被称为"常用对数"。而且它的"底数"是 10。

那么,终于说到 e 了。

"如果有一个数,那么这个数是 e 的几次方呢?"

这个时候,"自然对数"就出现了。自然对数表示为"ln"。

比如，lg10=1，对吧。

看到这里，你脑海里可能会出现"啊，为什么啊？"，这就是数理恐惧症。

尽量简单地，"一知半解"地去思考。

log10 表示的意思是"10 是 10 的几次方"，那么其答案一定是 1 啊。

那么，ln10 呢？这个不知道了吧？

它表示的意思是"10 是 e 的几次方"。

问到这个，可能答不上来了。（其实，答案是 2.30258509……）

不管怎么说，自然对数 ln 的"底数"是"e"。所以，我们也把 e 叫作"自然对数的底数"，也被称为"纳皮尔对数"。

说到这里，大家应该不会再怀疑谷歌办公大楼的名字是基于"理科思维"而确定的吧。我想，现在几乎没有从未接触过谷歌，从未使用过谷歌服务的人吧，也没有人会再想"我是文科生，跟我没关系"吧。

量子力学②
为何说谷歌是基于量子力学成立的

这一小节内容,初次阅读的时候可以跳过。

对于"欧拉公式"的构成要素,我觉得"一知半解"地了解一下就可以了。接下来我会简单介绍一下"欧拉公式",并对谷歌和量子力学之间的密切联系进行补充说明。

在前文中曾提到过,"欧拉公式"是 $e^{i\pi}=-1$。

实际上这个公式的原始形态是下面这个,它同样也被称为"欧拉公式"。

$$e^{i\theta} = \cos\theta + i\sin\theta$$

把 π 带入公式中 θ 的位置,$\cos\pi=-1$,$\sin\pi=0$,这样换算也就得出了最初的"欧拉公式"。

为何我要特意介绍这些公式给大家呢?不管想要克服"数理创伤"的朋友,还是正在努力学习的朋友,一说到"e 的 $i\pi$ 次方",就会有朋友非常认真地问我:

"'π 次方'我能理解,但是'$i\pi$ 次方'就不知道了,请再介绍一下。"

对于后面那个"欧拉公式",我想用图像来表示会更好一些:

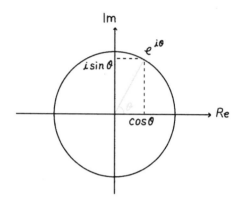

这个图,是在复平面上画的"半径=1"的圆。

复平面指的是什么呢?是指纵轴是虚数,横轴是实数的平面。

"虚数"是二次方之后为负数的数。i是最原始的虚数。可以想到2i、2.5i、3i等。英语中称这样的数为"Imaginary Number"。直译过来,就是指"'实际上不存在的',即想象中的数"。

"实数"是指普通的数。英语中称这样的数为"real number"。直译过来就是指"'实际上存在的数',即现实中的数"。

那为何我要使用平面图来说明这些数呢?因为"同时有实数和虚数的数=复数",比如:"3+2i""5-3i"等。

这样的复数，在复平面上可以用点表示为（3，2）和（5，-3）。

刚刚那个平面图中的"e 的 iπ 次方"，实际上也是复数，在复平面上用点表示为（$\cos\theta$，$\sin\theta$）。

在量子力学中，如下公式所定义的指数函数，发挥着巨大的作用：

$$e^{ix} = \cos x + i \sin x$$

其实，不管是前面花大篇幅说明的欧拉公式，还是谷歌公司的三座办公楼"e""i""π"，它们都不是单纯的理科知识，而是意味着量子力学的存在。

从这个意义上讲，可以说谷歌从一开始就是存在"量子思维"的。

量子力学③
如何在不使用任何公式的情况下进入量子力学的世界

从这里开始，进入稍微轻松一些的话题，暂且不聊公式。

想要治愈"数理创伤"的文科朋友，我想此时你们正在竭尽全力不断努力。

通过本书的学习，能让你们产生超越日常观感的想法，并且能在基于牛顿力学的日常观感中建立起来的知识体系里面，增添一些描绘量子运动的"量子力学"的知识，意义是非常重大的。

就我自己来说，在我的知识体系形成过程中，因为我较早地接触到了量子力学的内容，所以我确信量子力学对我自身的知识体系构建产生了很大的影响。

我对量子力学感兴趣，是因为高中时期的数学老师。

那位老师特别注重学生学习的自主性。已经理解了课堂内容的学生，在上课的时候可以自主学习其他单元的内容。我一点一点往前学，在快要学完高中数学课程的时候，数学老师给我推荐了一本乔治·伽莫夫写的《物理世界奇遇记》。

这本书是我很久以前读的，特别抱歉我对于书中的情节已经记得不大清楚了。但是，这本书中有几页插图，解释了量子力学的世界。书中描写了很多不可思议的情节，比如本书的主人公汤姆金斯一下子变成了"量子"，他可以同时穿过两扇门，可以穿透墙壁，等等。

根据这本书的介绍，我了解到原来书中所描绘的那些不可思议的世界，其实是高中数学和物理学的结论。当时的我觉得太不可思议了，一下子就被这本书吸引了。

数学老师并没有直接告诉我什么，但是他通过这本书的主人公汤姆金斯那些不可思议的经历告诉了我一个重要的道理：

"为了大学的升学考试，我们不得不花时间去解答教科书和习题集上的数学和物理题目，但是数学和物理这两门学问却并非为大学升学考试而产生和存在的。它们是用来探明和解释宇宙构成的工具。"

虽然我并没有成为直接解开宇宙之谜的研究人员，但是能在那个时候接触量子力学，接触到汤姆金斯的故事，无疑对我的知识体系的形成产生了巨大的影响，而且还极大地开阔了我的视野。

所以，我希望大家能在自己的知识体系形成过程中，将这些超越日常观感的、不可思议的、可以解开世界谜团的量子力学，放到自己的知识体系中。

量子力学④
对于量子力学的理解可以一知半解

然而，我并不是呼吁大家去努力学习量子力学，并完全理解量子力学的内容。在了解量子力学的初始阶段，即使只是碰到薛定谔方程，也需要我们对偏微分方程式、线性代数、傅里叶变换有一定的了解。

这些内容，对于有理科背景的人来说，也是非常难以理解的，更何况文科的朋友。因此，如果以完全理解为目标，是非常鲁莽的。

基于此，本书是作为对量子力学"一知半解"为前提的导览类书籍，书中会涉及量子力学的基础知识和相关领域的内容。

我又要啰唆两句了，如果对理科知识抱有强烈的反感，书中出现的难以理解的内容可以跳过不读，等到自己对量子思维有了深入的理解和认识后再回去阅读全书的内容。

更为热心的朋友，可以选择一些与量子力学有关的书籍来看。最开始不要选择太难的专业类书籍，选择一些浅显易懂的书籍是较为理想的。如果书中有插图，则更利于在大脑中形成印象。

除了书籍，你还可以观看视频，观看最新的量子力学相关节目，比如 NHK（日本广播协会，Japan Broadcasting Corporation）特别节目，卫星电视国家地理频道和探索频道的量子力学纪录片。

如果你以前从未接触过量子力学，一定要带着兴趣去了解它的相关内容。

英语①

想躲也躲不掉的英语

接下来，是关于英语的话题。我并不是呼吁大家在自己的知识体系里扩充英语的知识。我要说的是，为了构建丰富的知识体系，我们要用英语去学习。

随着互联网的高速发展，现在这个时代，不管是最新的新闻，还是最尖端的技术，抑或是科幻小说的最新力作，某件事情一旦发生就会立即被传播分享。不管大家是否认可，英语作为全球性语言的地位是明确的，只用英语传播的信息、只有会英语才能阅读的信息，数不胜数。

如果等待这些信息被翻译成日语再去了解，那么，获取信息的速度自不必说，你所获取到的信息的内容和质量，也会存在一定偏差。这是一个不得不面对的现实。

我想强调的是，这不是英语应用能力的问题，而是我们要"用"英语去获得知识的问题。"用"英语获取知识的能力，是我们必须具备的基本技能。

自明治维新以来，由于明治时代的先达有丰富的汉学积累，日本能够迅速将西方先进国家的各种研究翻译成日语，并从中受益。虽然当时的日本是落后国家，却可以用母语接受高等教育，这是非常罕见的。至少所谓的婴儿潮一代，是享受了这一红利的。

但是我们也应该诚实地承认，现在，用全世界仅1%的人口所使用的本土语言日语来接受高等教育，已不再是恩惠和红利，反而是一种不足。

日本的大学在国际上的评价急剧下滑，就充分而明显地说明了这一事实。日本文部科学省已经认识到了这个问题，并开始采取多方面的应对措施。

其中之一，便是"IB"（International Baccalaureate，国际文凭）课程。对于国际文凭课程的详细介绍，通过日本文部科学省的网站可以进行查询。值得关注的是日本文部科学省对于"DP"（DP 为 IBDP，高中文凭课程）的急速普及方针。

这里引用日本文部科学省的说明：高中文凭课程是以"16 到 19 岁学生"为对象，"在两年的时间内修完所有既定的课程，经最终考试获得合格的成绩，即可获得被国际认可的大学入学资格（国际文凭资格）"。

该课程原则上是以英语、法语、西班牙语教授，但是很多日本学生应该都会选择用英语来学习。

英语②

中学英语水平即可

用"英语"学习，其所要求的英语能力，除了英语词汇，只需要达到中学英语水平即可。

可能有的朋友会说："我连中学英语都没有掌握！"

针对这些朋友，我可以推荐英语学习方法。

找到一本中学英语的教科书。现在的教科书，会有配套的 CD 另外售卖，CD 是课文的母语者版朗读音频，把 CD 也买回来。

现在你们要做的是，每天花一个小时，听 CD 里的音频，同时对照音频中母语者的发音，一遍一遍复读课文。不要想着把教科书背下来，只需要对照 CD 的音频去完成复读就好了，就好像跟着和尚的声音念经一样。

一个月后，在你走路的时候，在电车中的时候，你的大脑里都会想起这些英语的音频。达到这种程度，你就可以进入新的一小时练习了。

一年级的英语教科书学完后，再学二年级、三年级。

差不多经过一年的时间，中学三年级的英语内容都能随时浮现在你的脑海里。达到这样的水平，就证明你已经掌握了中学三年的英语课程。这样一来，需要用英语去学习的"英语能力"也就具备了。

当然，这个时候的英语水平，距离精通英语还存在很大的差距。有了这样的水平，差不多就可以非常坦然地去国外出差了。

国际航线和本土航线之间的飞机换乘，在出差目的地入住酒店，预订饭店等，国外出差所需要用到的英语，可以说已经全部掌握了。

换句话说，能听懂机场广播的意思，在出差地可以顺利入住酒店，在饭店可以顺利点餐等，国外出差所要求的基本的英语表达，如果在出差一周前迅速准备的话，国外出差是完全没问题的。

对于"要达到能用英语学习的水平"感到困难的朋友，

如果你能做到"不断重复中学的英语教科书,达到走路的时候和搭乘电车的时候,脑海中能自然而然地回响起英语"的话,用英语去学习这件事就有了一个非常好的开始。

财务意识①
商务活动中最重要的是财务意识

不管在什么时代,金钱是想摆脱也摆脱不了的存在。树立财务意识是亘古不变的真理。

所以,不管你现在所从事的职业是什么,也不管你现在钻研的学问是什么,我都强烈推荐大家学习财务三表(损益表、资产负债表、现金流量表)。

我自己是从理工类院校毕业的,毕业后的工作也是理工类,我本来是没有任何财务意识的人。

我入职日立电子时,必须学习的第一件事不是计算机科学,而是工业簿记。

"啊,理工科的人如果不学记账不行吗?"

对此,我感到特别惊讶。

这时,前辈这样告诉我:"我们要做的产品,不是最快的,也不是最小的,而是最赚钱的。"

听了前辈的话,我理解了。不管是理工类岗位,还是技术类岗位,作为为公司做贡献的一分子,对于关于钱的问题,尤其是公司的财务,必须有清晰的认知。

当时的我,是否弄透了簿记的详细细节另当别论,但是,毫无疑问,这次学习对于扩展我的知识体系起到了非常大的作用。

我知道,在商务活动中公司的资金有多重要。正是因为在理工类岗位上学习了资金管理方面的知识,此后我才能顺利转向销售类岗位,并成功晋升到公司总经理的职位。

所以,请大家一定要有财务意识,要有能读懂财务三表的意识。

我们也不想变成专业的簿记会计,所以,去书店,从堆积如山的书中,选择书名为"能让你轻松读懂财务三表"的这一类书,从中再尽可能选择薄的、字号大的、插图多的书,花上一个小时左右,达到"一知半解"的程度就可以了。

财务意识②

学有所值的"全球标准"战略

如果我们能用英语去学习会计学、簿记理论等知识,不仅可以帮助我们成为全球性人才,还能提升我们的财务意识,可以说有一箭双雕,甚至一箭三雕的效果。

学习资产负债表的时候:"这叫 BS 表,Balance Sheet。"

请大家用英语学习所有知识吧。

你可能会自然而然地觉得会计学和簿记理论这些科目,

应该用日语来学习。其实不然，实际上它是"用汉语"来学的。虽然是明治时期发明的"日式汉字"，但汉语终究是一门外语。

同样是用外语来学习，那么使用国际人才所必需的英语来学习，不是自然而然的事情吗？

但是，我并不建议大家直接去学"英语会计"这门课程。为什么呢？因为"英语会计"这门课程，是为那些通过日式汉字的学习已经获得了充分的会计和簿记基础的人而准备的，他们所学的不过是将原本已经学会了的日式汉字与英语再次联系起来。

也就是说，"英语会计"这门课程，并不是为从头开始学习会计和簿记的人而设计的。

所以，不要去关注那些用日语汉字学会了会计和簿记，然后又联系上英语的"迂回"课程，我们要从一开始就直接用英语学习。

实际上，我还注意到用日式汉字学习会计和簿记的困难点。举一个常见的例子来说明，有一个会计科目，用日式汉字来表示的话，叫"销售成本"[*]。

在商业活动中，买卖商品是最基本的行为。一般来说，买入商品的时候是成批量购买，卖出的时候是一件一件销售。

在这里，初学者很容易陷入一个误区，他们会认为"所

---

[*] 编注：日文为"売上原価"。

谓销售成本，就是批量购买时的总金额"。但是，销售成本这个会计科目，其原本的英语表达是"COGS（Cost of Goods Sold）"，其意思是"已经销售完毕的商品的成本"。COGS的表述中，隐含着一个意思，那就是"根本没有涉及销售后剩余的商品"。

"销售后剩余的商品"，用日式汉字表示为"棚卸在库"*，意思是"库存商品"，英语表述为"inventory"，它会被计入资产中。当然具体各个科目怎么记账就是更加细节的话题了，不是我们这里要讨论的内容。

像COGS这样的会计科目，用英语直接学习，比用日式汉字学习要简单易懂得多。

人们已经意识到这一问题，现在大家也逐渐放弃了以前那些英文会计教材，从一开始就"用"英语的逻辑来教授会计和簿记的"日语版教科书"，已经出版了好几种。

在此我也衷心希望教授会计学和簿记理论的教育机构，能从一开始就"用"英语的逻辑来教授这几门课程。希望这一天早点到来。

财务意识③
千万不要觉得合同麻烦

与会计和簿记等资金话题有着割舍不断的关系的，是

---

* 编注：日文为"棚卸在库"。

合同。

如果要学习与合同有关的知识，那肯定得学"法学概论"。这也是一个不输于会计和簿记的、晦涩难懂的日式汉字的宝库。

所以，要学法律和合同，我也建议大家从一开始就"用"英语来学习。

在法学领域，与英语会计地位相当的科目是"英文合同"。在全球化时代，"说到商务英语，起码希望自己能读得懂英文合同"，抱着这样的想法，把相关的书籍拿来一看，才发现全是从来没有见过的晦涩难懂的单词。我想很多朋友都有这样的经历。

学习英语合同，绝不会是浪费时间和精力的行为。然而，相比英语合同的学习，更为重要的仍然是"用"英语来学习法学概论。

会计、簿记、法学概论等课程，对于了解我们这个社会的基本结构是非常具体的。

作为开展商务活动所必需的基本知识，大家一定要"用英语"去学好这些课程。

文理通吃，"未来"就在眼前

接下来，我将继续就"量子力学"的话题和希望大家扩展知识体系的话题进行说明。

在此我想重申一遍，我在本书中所介绍的内容，没有文理科的区分。为什么呢？因为我在本书中所介绍的内容，是我和许多人谈过的，他们对我说："你应该一开始就这样介绍。"

而且，就算是提到狭义相对论，也不过是用中学水平的数学知识便可以解释清楚。

在本书中，为了让数理恐惧症特别严重的朋友鼓起勇气，我在有公式出现的章节，标注了"初次阅读可以跳过"的字样。实际上，这些公式并没有那么复杂，如果你们鼓起勇气去读一读，你会发现全是你能理解的内容。

有如下想法的朋友："公式的来由倒是可以梳理清楚。但是，到底是什么意思呢？"

"我很忙，希望早一点儿了解量子计算机的关键信息。"

也请安心地读下去。

我如此煞费苦心地要把大家引导到理科和量子力学的世界，实际上有下面的理由：

我们今天所使用的电子数字计算机，许多代码已经被破解，很多程序甚至不再需要代码。或者说，人工智能可以一个接一个编写新的代码。换句话说，现在被称为"程序员"的技术人员，今后不得不为量子计算机编写代码，而这样的时代正在向我们走来。

因此，你必须要知道最基本的量子力学的基础知识。

本书所介绍的内容，应该可以为大家提供很大的帮助。

另外，就算不是程序员，在现在这个社会，离开计算机和智能手机也是寸步难行的吧。可以说，计算机已经深入生活的方方面面。

使用计算机和智能手机的时候，对于计算机能做的事情和不能做的事情，以及智能手机能做的事情和不能做的事情，我想大家应该有所感知并对此合理利用了吧。

但是，随着量子计算机的登场，那个"能做的事情和不能做的事情"的标准，很可能会发生极大的变化。极端地说，大家平时常用的办公软件、邮箱软件甚至网页，都有可能会发生改变。

作为使用者，如果你只是继续使用新上市的产品和服务，那么你选择被动接受那些变化是没有任何问题的。但是，未来如果你想创造新的价值或者开拓一项新的业务，那么你将无法与别人同台竞争。特别是希望站在世界最前沿的人，更是如此。

能帮助你顺应新时代潮流和巨大环境变化的武器，便是来自理工科的创意，以及对量子力学的基本理解。

在世界其他地区，这种观念已经深入人心。而且，文理科之间的划分并不像日本这么明确。所以，现在的世界正在为新时代的到来一步一步做着准备。

为了不被时代巨变的浪潮所颠覆，请一定要加强对理工科知识的学习和理解。那么，学习的方法就是，做到对本书内容"一知半解"式的理解。仅此而已。

我将等待大家充满激情的挑战！

第 4 章

"量子计算机"是 21 世纪商业和科技的基础

生活中到处可见的量子力学

在本章中,作为了解量子力学的切入点,我将介绍几个趣味性十足且对大家了解未来社会发展十分有益的话题,以此帮助大家扩展自己的知识体系。

量子力学是人类社会迈向新的发展阶段不可或缺的科技领域。

通过对量子力学的深入了解,抢先一步获知即将到来的新时代的标准,可以有很多好处。我想,通过本章节的介绍,大家可以提前感知到这一点。

当然,我并没有打算深入介绍量子力学。我只是希望阅读本书的朋友,能对量子力学和量子计算机有个初步认识,有"我知道了"的感觉就足够了。这就是我的目的。

这里的"我知道了",其实超乎想象重要。打个比方,摆在我们面前的计算机,"我知道"它是以"0"和"1"的二进制数位在运行。

计算机确实是用二进制在运行,许多人不明白为什么计算机是用"0"和"1"在运行,尽管如此,我们仍然可以非常自然地操作计算机。那么,对于量子力学和量子计算机,或者我即将要介绍的狭义相对论，我们的目标也是一样的，那就是要达到能够以"日常的观感"来面对新的事物。

所以，请不用担心，我不会用杂乱无章的公式或一连串难以理解的专业术语来为难大家。

其实，量子力学已经间接地渗透到了我们的日常生活中。在不久的将来，我们的世界，将会被量子力学和在其基础上进一步发展起来的量子物理学直接影响。我坚信这样的时刻一定会到来。这也是我写作本书的背景。

宏观的经典力学和微观的量子力学

此前我曾提及，与"量子力学"相对的是"经典力学"。眺望世界，用双眼可以看到的现象，基本可以用经典力学来解释和说明。但是，如果进入更加细致的微观世界，如细化到原子、电子、粒子等，"仅仅用经典力学的理论就无法解释了"。

用经典力学无法解释和说明的现象，就必须用到"量子力学"和在其基础上发展起来的"量子物理学"。

在宏观世界里的现象，可以用经典力学来解释说明，量子现象不会直接登场。换句话说，今后，宏观世界里的日常现象可以用经典力学来解释。但是观看粒子级别的微观世界时，就必须借助量子力学和在其基础上发展起来的量子物理学的力量。

在此，我再说明一下经典力学和量子力学的区别。极端地说，在经典力学的世界里，"0的状态和1的状态，可以明确区分开"。

与此相对，在量子力学的世界，不管是0，还是1，都是相互交错而重叠存在的。

经典力学和量子力学之间存在着用日常观感难以理解的差异。

另外，在前文中我曾提到，量子有"粒子和波两个方面的特性"。现阶段我们不会去做深入探讨，因为这将把我们带入更复杂和更深奥的话题中去。

首先，量子"可以同时具备0和1两种状态"，我知道这有点让人头疼，但请理解。

将对我们的未来产生重大影响的量子技术，便是量子计算机吧。即使用超级计算机也需要花很长时间来计算的问题，以及大幅缩短所有问题的计算时间的期待，都可以交给量子计算机来解决和实现。

量子已经与我们的生活密不可分

其实，我们的生活中到处可见量子力学。

在化学课上学过的元素周期表，或"氢和氧以二比一的比例结合成水"这样的化学反应，如果没有对于量子力学中电子行为的分析，就无法解释这些现象。

举个更贴近生活的例子，智能手机、游戏机、个人计算机、DVD中的半导体（介于导电性能强的金属和完全不导电的木材之间的物质），也是在量子力学的原理下发明创造出来的成果。

我们日常使用的一些工具，应该也蕴含着量子力学的原理。在本章的开头，我曾说过量子力学已经间接地出现在了我们的日常生活中。

对于量子力学，乍一看以为是非常遥远的话题，但实际上已经与我们的生活有着如此密切的联系了。

更进一步说，随着今后研究的不断深入，毫无疑问，量子力学还将更加深入地影响我们的生活。

量子力学和在其基础上发展起来的量子物理学会帮助我们解开迄今为止仍然未知的那些谜题，我们更加期待量子力学能在世界范围内掀起新的改革浪潮。

以量子力学和在其基础上发展起来的量子物理学为主导的"不可思议的"改革到来的时候，如果我们还处于"从来没有听说过"的无知状态，那么即使临时抱佛脚，努力补功课，我们也已经落后于时代了。而那些错过时代前沿的人，只能在外面掰着手指头远远地眺望这个巨变的时代。

所以，我再次向大家发出呼吁："不要对量子力学视而不见，要主动出击，抓住先机，提前学习并掌握相关信息。"

像学习新的在线办公软件和小程序的使用方法，或者使用智能手机新机型一样，对于量子力学，也希望大家在认识其必要性的基础上进行主动学习。

人工智能的新亮点——量子模拟计算机

两种量子计算机

 量子计算机，会给我们带来什么呢？

首先，我将为大家介绍了解量子力学的途径，即今后大家都会遇到的新型计算机——量子计算机。

因为量子计算机的登场，目前的计算机已被称为"古典计算机（Classical Computer）"，因为量子力学的登场，牛顿力学已被称为"经典力学"。

现在，计算机已经是"司空见惯"的工具了。因为计算机的普及，我们的工作和生活与以前相比发生了非常大的变化。书籍、资料和信件等，不再需要手写，在键盘上敲上文字打印出来就可以了。不仅如此，通过邮件或聊天软件，还可以将自己想说的话瞬间发送给对方。

如果需要查询资料，在计算机普及前，人们可以在自己家里、公司、图书馆查询资料和报纸，或者去询问知道详情的人。但是现在，计算机和智能手机无处不在，网络随时可查，需要任何信息都可很快获得。

诸如此类计算机影响我们的生活和工作的事例不胜枚举。我相信正在阅读本书的朋友生活中都有这样的感受。

量子计算机的出现和普及,能带给我们的远比上面提到的还要多。也就是说,现在发达国家和世界大企业正在投入巨资研发的量子计算机,一定会给我们的生活和工作涂上浓墨重彩的一笔。

"能预感到即将发生的重大变化",是了解量子计算机的第一步。

量子计算机按照其运行原理,大致可以分为"量子退火"和"量子门"两种。

量子计算机分为两种。

量子退火,可以理解为量子模拟计算机;量子门,可以理解为量子数字计算机。同样是量子计算机,因为使用了不同的量子技术,便实现了两种不同的功能。而且,量子模拟计算机和量子数字计算机所能解决的问题也不一样。

模拟是在电子电路上出现相似的等价现象

电子计算机,也有两种类型。

我们平常使用的智能手机、个人计算机、平板等,属于电子数字计算机的范畴。

在当前的日本,我想没有人没有用过电子数字计算机吧。

在电子数字计算机普及之前,计算机其实被称为"模拟计算机"。

严格来说,模拟计算机也分两种:一种是电子模拟计算机,一种是非电子模拟计算机。

计算尺、巴贝奇微分分析仪这样的东西都是非电子模拟计算机。这些物件,现在已经是"老古董",当然也不会再成为我们现在的话题中心了。

下面我将介绍电子模拟计算机,这是为理解量子计算机做准备。

我们要了解,电子模拟计算机到底怎么运行。

电子模拟计算机上的电子电路，可以用来表现与"它要计算的微分方程式"相"等价"的微分方程式，并监测电子电路的运行，以确保它能计算出"它要计算的微分方程式"。（"等价"，意味着它的形态与微分方程式完全相同。）

"想要计算的微分方程式"就是可以作为经济社会现象、自然科学现象的模型的微分方程式。

举个例子，大家想象一下"弹簧摆"。我们先抓住弹簧，然后松开手，弹簧会上下来回运动，但运动幅度会逐渐减小，过一会儿弹簧会回到最原始的位置并保持静止。根据物理学知识，这种自然科学现象被认为是在遵循一个独特的微分方程。

通过观察"弹簧摆"的运动，我们不需要这个方程就能理解这个运动。换句话说，用来描述"弹簧摆"现象的微分方程，就被称为"弹簧摆"数学模型，也就是我们要计算的微分方程。

在这里要强调的是，电子模拟计算机，并不是用来直接计算我们"要计算的微分方程（如果用刚刚的例子来说，相当于计算'弹簧摆现象'的数学模型）"的机器。

针对不同的微分方程式，通过建立与之"等价"的微分方程式电子电路，然后监测电子电路的运行情况（类似观察弹簧摆的运动情况），最终相当于把想要计算的微分方程式计算出来了,这就是计算机的原理。

接下来,我将介绍电子电路的内容。初次阅读的读者,浏览过去即可。

接下来我将更详细地介绍一下电子电路的知识。在电子模拟计算机上,如图所示,安装上"C_1、C_2、I_1、SC、P_2"等大量电子元件,然后将这些电子元件用一条叫"跳线"的电线连接起来,就构成了电子电路。这些配置动作,在电子模拟计算机中被称为设计与编程。

电子电路的行为,通常以电压为单位来观察。这个电压,会受到电路的限制,比如最大值为10伏,那么电子电路上要承载的所有现象的具体电压最大为10伏。

电子电路的电压是有限制的,如果电子电路上电压的最大承载是10伏,那么该电子电路上所要运行的东西,必须以10伏为最高限。

以10伏为最高限,就意味着你想要在电子计算机上运行的具体对象的物理量(电压),将由这10伏来决定。

而且,根据决定方式的不同,你所要计算的微分方程式的原始系数也会发生变化。其结果是与模拟计算机上的电子电路"等价"的微分方程式,即使其形式完全相同,也可能发生系数不一样的情况。

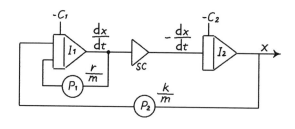

可在短时间内求得最佳值的"量子退火模式"

可见,模拟计算机就是将电子电路配置为等效微分方程的形式。为什么称这样的计算机为"模拟"计算机呢?因为其可监测的物理量(电压)是"连续的量"。而且,对于其想要计算的对象,无论是经济社会现象还是自然科学现象,都是用与之"等价"(相似的)的电子电路在计算。

并且,"模拟"的英语单词"analog"有两个意思:一个是"连续的",一个是"相似的"。

 量子模拟计算机已经存在了。

像这种使用相似的电子电路进行计算的想法,如果用在量子模拟计算机上,就被称为"基于量子退火形式的量子模拟计算机"。

比如,在人工智能中,尤其是近几年广受关注的机器学习中,需要频繁用到的反复计算,这样的反复计算被称为是在"寻求最佳值"。这里寻求最佳值的计算,实际上并不会真的去计算，而是通过"监测与计算过程相似的量子现象，得出最佳的答案"，这就是量子模拟计算机的运行原理。

电子模拟计算机是用电子电路来监测，而量子模拟计算机是用量子现象代替电子电路。

这种量子现象，被称为"量子退火"。基于"量子退火"的量子模拟计算机，是由东京工业大学教授西森秀稔和当时还是博士研究生的门胁正史于1998年提出的。

基于"量子退火"方式的量子模拟计算机的优势在于，可以在短时间内计算出最佳值。寻求最佳值的计算，如果用电子数字计算机来计算的话，需要庞大的计算过程和计算量。但是，如果采用基于"量子退火"方式的量子模拟计算机，则可以边计算边重新排列组合，大幅提升计算速度。

也就是说，在需要频繁操作"寻求最佳值"的机器学习和复杂计算里，通过使用基于"量子退火"方式的量子模拟计算机，不仅可以实现基于"量子退火"方式的机器学习，还可以开发出更加优秀的人工智能产品。

量子模拟计算，不仅可以用于机器学习，在计算如何让业务员以最小成本巡回拜访客户的"销售员最佳拜访路线"，以及使背包可收纳物品价值最大化的"背包容量问题"，诸如此类需要较大较多的繁杂运算时，我们都可以期待用量子模拟计算机来解决。

量子退火方法是模拟法的原因

读到这里,可能有的朋友会很奇怪,量子计算机是如此先进的东西,为什么还要用到模拟呢?

基于量子退火的量子计算机是模拟式的,这件事确实毋庸置疑。

再次把话题从量子转回"古典",以前经常使用"模拟"电子计算机的原因是有些应用软件必须进行大量微分方程式计算。

比如,在飞行模拟(飞行器操作训练装置)计算中,以当时的电子数字计算机的计算速度,在启动飞行模拟器所需要的时间间隔里,计算机无法完成大量的微分方程式的计算。

比如,在操纵杆倾斜后的十分之一秒内,如果计算机没能计算出与操纵杆的倾斜度相匹配的机体的倾斜度,那么操纵训练装置将无法完成对应的倾斜动作。这时,电子模拟计算机上安装的与大量微分方程式等价的电子电路将会发挥作用。电子模拟计算机将会监控电子电路的运行,并像要经过大量计算一样,寻求到合适的计算结果。经过这样的系列操作后,操纵训练装置将在必要的时间内完成机体的倾斜动作。

同样的动作,量子计算机也能做到。量子计算机能监测与寻求最佳值这一操作等价的量子现象,进而大幅提高机器学习所必需的最佳值的计算速度。这一事实,正好证明了以量子退火为基础的量子计算机是模拟式的。

当然,就像飞行模拟装置是电子数字计算机和电子模拟计算机混合而成的混合计算机一样,人工智能的高速化发展,也将通过电子数字计算机和量子计算机(量子模拟计算机)混合而成的混合计算机来实现。

混合计算机指什么呢?是负责主要运算工作的电子模拟计算机和量子计算机(量子模拟计算机),与负责整体系统的准备和结果输出的电子数字计算机组合而成,形成混合(hybrid)计算机。

商用化道路仍漫漫而修远的
量子数字计算机

量子和比特的叠加状态

可能有点难以理解，我们一起来"一知半解"地了解一下量子数字计算机的结构吧。

说完基于量子退火方式的量子模拟计算机之后，我们再来简单地介绍一下更为重要的量子数字计算机。

现在主流的计算机是电子数字计算机，用 0 和 1 表示 bit（binary digit，指二进制中的一个数位），通过电子电路来表现和控制数位，实现计算机的运行。

量子数字计算机，是用 |0> 和 |1> 的 qbit（quantum bit，也称量子 bit）来实现的，通过被称为"量子门（量子 gate）"的量子电路来实现计算机的运行。

接下来我将继续深入介绍量子计算机的内容。不要想得太过复杂，达到一知半解的程度即可，以快速浏览的心情继续往下读吧。

电子数字计算机的数位是 0 和 1，代表二进制中的一个数位，也是我们日常常见的数字。然而，用 |0> 和 |1> 表示的量子比特是一个被称为"cket"的向量，不是普通的数字。

一听到"向量"，可能很多朋友又会大脑一片空白。我们可以想象一下小学和初中学习"力的平衡"时用到过的箭头矢量。用"→"表示的那个。

那个时候，孩子纯真的心灵很容易接受一个东西"有方向""有大小"，不是吗？其实，量子思维也正是要求大家回归与生俱来的纯真，不被理科恐惧所侵扰，以与生俱来的纯真去思考而已。

箭头矢量，如果不用图形而用数来表示的话，可以用两个数。

如果我们把箭头矢量的起点放在 X, Y 坐标的原点（0, 0）处，箭头顶端所在点的 X, Y 坐标是（x, y），那么这个箭头矢量可以写成（x, y）。换句话说，一个箭头矢量是由两个数字组合而成的。

|0> 被认为是一个二维向量（1, 0），|1> 被认为是一个二维向量（0, 1）。出于方便标记考虑，我们写成水平的"行向量"，但这些向量通常会被写成垂直的"列向量"。

|0> 写作 $\begin{pmatrix} 1 \\ 0 \end{pmatrix}$，|1> 写作 $\begin{pmatrix} 0 \\ 1 \end{pmatrix}$。

向量、内积……跳过即可。

顺便说一下，<0∣和<1∣被定义为"bra 向量"。这些向量通常被写作水平的行向量，其中<0∣是（1, 0），<1∣是（0, 1）。

在 bra 向量和 cket 向量之间，是内积<a∣ ∣b>。

$<a| = (a_1, a_2)$

$|b> = \begin{pmatrix} b_1 \\ b_2 \end{pmatrix}$

这样一来，内积就可以写成

$<a|b> = a_1 \times b_1 + a_2 \times b_2$

中间的两条竖线，合并起来写成一条。

根据这个定义，可以得出以下计算结果。

<0∣0> =1×1+0×0 = 1

<0∣1> =1×0+0×1 = 0

<1∣0> =0×1+1×0 = 0

<1∣1> =0×0+1×1 = 1

"bra""cket"的名字，来自英语 bracket（括号）。大家学过括号的英语，即 parenthesis（复数形式为 parentheses）。

parenthesis 指的是圆括号"（ ）"。

"< >"用英语表示是 bracket。

"＜"被称作"bra","＞"被称作"ket"。这个极富创意的称呼来自对量子力学的构建做出巨大贡献的保罗·狄拉克教授。

对线性代数比较熟悉的朋友,可以把它理解为你所熟知的"矢量内积"。

换个说法,如果说＜0｜和｜1＞以及＜1｜和｜0＞｜是相互正交,是不是更容易理解?

不熟悉线性代数的朋友,可以理解"内积结果为 0 的两个向量,就是正交"。所谓正交,就是一对向量完全不相似。反过来,内积结果为 1 的两个向量是相似的。

那么,用 cket 向量表示的量子状态,怎么写呢?

$\alpha｜0＞+\beta｜1＞$(α 和 β 是复数)

通过这个式子可以得知,量子状态既不是｜0＞也不是｜1＞,是｜0＞和｜1＞相叠加的状态。

也就是说,用电子电路来表现的电子数字计算机的数位 0 和 1 是确定的数字。但是被称为量子门的量子线路所表现的量子状态,既不是 0 也不是 1,是 0 和 1 的叠加状态,由 α 和 β 决定 0 和 1 的比例。

这部分内容,你权当理解了就可以了。

对于 $\alpha|0>+\beta|1>$

可以确定的是：

如果 $\alpha = 0$,

那么 $0|0>+\beta|1>=\beta|1>$

如果 $\beta = 0$,

那么 $\alpha|0>+0|1>=\alpha|0$

另外，对于 $\alpha|1>$ 和 $\beta|1>$，虽然两者大小不同，但状态是一样的。$\alpha|0>$ 和 $\beta|0>$ 也是如此，虽然两者大小不同，但状态是一样的。

当 $\alpha = 0$ 和 $\beta = 0$ 的时候，可以看作"没有状态"。除对此感兴趣的朋友外，其他朋友可以选择跳过、忽视。

好了，到此为止。我大致介绍了量子数字计算机的内容。

总之，量子计算机比我们想象的还要强大！

比起量子计算机的结构和原理，我们更应该知道的是，在被称为"量子门"的量子线路的操控下，量子的叠加态可以让量子计算机一次运行海量个计算进程，实现了量子并行计算。

更简单地说，通过量子门的操控，可以实现远超我们想象的庞大的计算进程同时进行。

这就是量子数字计算机的高速性能。原本需要花费"1 000亿年"的庞大计算，可以缩短到几个小时完成。这就是我们如此期待的理由。

量子计算机到底有多厉害

短短几小时就能完成原本要花费"1 000 亿年"的计算

一起来看看量子数字计算机的计算能力。

前面我对量子计算机的构造原理进行了简单的说明。最后部分的内容稍微有些难度,但是,我们从中可以看到科技社会的奇妙。

接下来我将介绍的内容是一旦量子数字计算机得以成功应用,到底会发生哪些"了不起"的事情呢?

初次阅读的时候,能从中感受到量子计算机的"强大和厉害"就可以了。

1994年,美国贝尔实验室的肖尔发现了整数因式分解算法,这使人们对量子数字计算机的计算速度的期望得到了提升。

算法,我会在后面的章节中进行详细说明。可以把算法看作达到某个目的所必须完成的有限步骤。我想大家都听说过,在电子数字计算机上可以进行手工编程等操作,编程所创造出来的东西就是计算机上所运行的"程序"。

那么支撑程序正常运行的就是算法。某个程序要达到一定的目的,其底层一定存在达到某个目的所必须完成的有限步骤,也就是必须有算法来支撑程序的运行。

我们把话题转回到"整数的因式分解"上,随着整数的数位增加,计算时间也会变得越来越长。假设要对一个一万位数的整数进行因式分解,即使是现存最高速的电子数字计算机,也需要花上 1 000 亿年,当然这是个非常不现实的时间。

这就是目前在互联网上使用的公钥密码系统如此安全的原因(设置密码的时候使用公开键,解锁的时候使用密钥)。换句话说,要破解公钥密码系统需要花上大约一千亿年的漫长时间。如此庞大的计算,实际上意味着无法破解。

但是,运用量子数字计算机就不一样了。在肖尔的整数因式分解中,对一万位数的整数进行因式分解,只需要花几个小时。

所以,刚刚介绍的公钥密码系统,如果用量子数字计算机来计算,几个小时就能把密码破解成功,所以其安全性面临着巨大的风险。

话虽如此,即使量子数字计算机真的问世,也无须担心。

虽然用量子数字计算机可以破解公钥密码系统的密码，但它同时也可以用量子密码的方式来设置密码，确保安全。也就是说，破解密码的技术得以提升的同时，设置密钥的技术会更进一步得到提升。所以不用担心。

这就是我们所说的"技术提高门槛"的意思！

作为量子技术的基础理论，我想介绍一下被称为"量子纠缠"的量子态。其典型的形态是"贝尔态"和"GHZ 态"，要介绍清楚这些典型形态，我需要先介绍 cket 矢量的张量积，然后才能解释量子纠缠。这样一来，需要介绍的东西实在太多了，请允许我控制一下，在这里不再做一一介绍。

对此感兴趣的朋友，可以去阅读上坂吉则的著作《量子计算机的基本数理》（音译，corona 出版社），书中有关于量子计算机的详细介绍，请参考。

说是挑战，其实书中所涉及的内容不过是从"0，1，虚数单位 i"这三个中选择其中两个，按照一定的顺序进行乘法计算而已。不要把它当作数学知识来读，就当是单纯的符号之间的运算，这样一来，理科不太好的朋友也可以去读一读了。

读完后，你会理解从今往后会给这个社会带来巨大影响的量子计算机的厉害之处，所以一定能扩展你的认知和视野，我推荐大家一定要挑战一下。

谷歌实现了"量子优越性"

接下来我将介绍当前最先进的量子计算机的发展历程。

以目前计算机的计算能力，需要花费上亿年才能完成的大量运算，我们期待量子计算机能将其缩短到几个小时内。功能如此强大的量子计算机，其研发工作正在朝着能实现商用的目标稳步推进。

其中，国际商业机器公司（International Business Machines Corporation，以下简称IBM）和谷歌公司在量子计算机项目上投入了大量的精力。在我写这本书的阶段，关于量子计算机的最新话题是2019年10月谷歌宣称实现了量子优越性。

量子优越性是什么意思呢？是指量子数字计算机超越了当前世界上性能最强的超级计算机的运算能力。

而且，根据更加详细的报道，在量子并行运算之下，用超级计算机需要花费一万年才能完成的运算，用量子计算机只需要200秒便可完成。由此，人们对量子数字计算机的高速性能又有了更高的期待。

虽然量子计算机还有很多课题需要解决，但量子计算机即将商业化的消息是值得关注的。可以预见，量子计算机作为常见工具走进人们的生活，也不再是那么遥远的话题了。

在前文中我曾介绍过量子计算机分为模拟和数字两种。两种量子计算机都有各自的优势和劣势，两者所能解决的问题也各不相同。

多关注与量子计算机相关的消息，不仅可以扩充你的知识体系，还能帮助和促进你形成量子思维这一全新的思维模式。

此外，我建议大家一定要对未来社会保持高度的兴趣和密切关注，睁大眼睛保持警觉，时刻关注未来社会的动向吧！

量子力学可以定义"自我意识"吗

"意识"从何而来

量子力学到底能做什么？一起来想一想。

到此为止，我们对量子力学的入门知识进行了介绍。量子力学阐述了｜0＞和｜1＞的叠加状态，解释了超越日常观感的量子行为，以量子力学为基础发展起来的量子计算机正在一步一步实现更多功能。

接下来，我们继续就机器学习和人工智能的话题，进一步探讨量子力学和"自我意识"。

说到"意识"或"自我意识"，很多朋友可能会认为这是心理学、哲学，或者神秘主义等方面的内容。

然而，以前我们所认为的"神秘"——比如"无论我们身在何处，都能知晓别人所处的位置""即使在地球的另一端，也能同步召开视频会议"，不都一个一个地变为现实，成为我们日常生活不可或缺的一部分了吗？

在过去看来如同做梦般的新技术，正在一个一个成为新的现实。在这样一个时代，我们要做的不是随意画条线把新技术划分为"神奇力量"，而是要把新的技术和新的知识纳入我们的知识体系中。还是像我一直强调的那样，保持一知半解的态度，轻松愉快地去吸纳新的知识。

前面导入性的话说得太长了，其实我想说的是"自我意识和量子之间的关系"。

首先，我们想一下自己日常所能感受到的"意识"。

"我"这个生物，其实是由"我的身体"和"我的心"组成的。在这里，先说"我的身体"这个部分。

此时此刻，你看到了什么，你听到了什么，或许你感受到了什么，也或许你并没感受到什么特别的。你可能品尝到了什么味道，或许什么味道都没有。

或许你的身体哪里有点疼痛，有点痒痒的，有点冷，或者有点热。或许跟前面提到的味道一样，此时此刻你的身体并没有什么特别的感觉。不过，至少你的身体应该能触碰到什么东西吧。

你的身体能感受到这样或那样的感觉，是因为你身体的感觉器官正在接受外界的刺激。同时，你的身体还会感受到肚子饿、嗓子干、喉咙干渴、想上厕所等，这是因为你的身体正在接受来自身体内部的刺激。身体内部的刺激，不单是停留在感觉层面，还被赋予了诸如饿、干、燥、痒等不同的意义。

同样，身体的感觉器官接受外界刺激的时候，这些感觉也会被赋予不同的意义，比如声音，有"电视的声音"，有"金翅雀的声音"；味道，有"晚餐咖喱的味道"，有"糖果的味道"；触觉，有"手握鼠标的感觉"，等。

那么，针对这一系列的感觉，你是不是会加上"我"这个主语，表示我是这些感觉的"意识主体"，还是说，你只是这些感觉的"观察者"？

接下来说一说"我的心"。

此时此刻，你可能会想，"这个村上，絮絮叨叨写个没完，全写的是无聊的东西，尤其这个，更加无聊了"。

这样的想法可能会导致你有点暴躁，甚至有早一点把书合上的冲动。

反过来，如果你此时此刻的感受是，"这个村上，写得挺有趣的啊，尤其这个地方，跟以前相比有些变化了，读来更有意思了。"

这样的想法会使你感到身心愉悦，从而有欲望把书继续往下读。

在这里，我们会产生同样的疑问，像上面说到"我的身体"的时候一样。

由"我的心"所产生的这些想法，你是以"我"作为主语来表述的，那么意识的主体就是"我"，对吧？还是说，你只是作为"观察者"在"观察"而已？

作为意识主体的"我"只是在远观

庆应义塾大学研究生院（SDM 研究科）的前野隆司教授曾提出过"被动意识假说"。

简而言之，"被动意识假说"认为，我们每个人所说的"我是"这样的以"我"为主语的表达中，这个"我"其实并不是我们平常所感受到的"主动的主体"，而是"被动的东西"。

"我（='我的心'）"，其实并不是指挥自己的"指挥中心"，只不过是作为"观察者"在"观察"我（"我的身体"+"我的心"）身上所发生的事情吧？

刚刚我曾提出过的疑问——是"我"做的事情？还是"我"作为"观察者"所"观察"到的事情？其实也是基于这样的假说而提出的。

看到这里，可能有的朋友会说，"请等一下！我们暂且假设被动意识的假说是正确的。但是，主动性的动作，比如动手指头之类的，肯定是我身体里面的'我'在主动行动吧？"

实际上，有实验证明事实并非如此。

加利福尼亚大学旧金山分校的 Rivet 教授（音译）曾做过一个实验，并于 1983 年发表了一篇论文。实验的详细情况大家可以上谷歌去检索，这里我只说实验的结果。

同样是"动一下手指"这个指令，大脑向手指肌肉发出"动一下手指"的信号，要比我们的内心有"要动一下手指"的意识早 0.2 秒。

也就是说，大脑发出"动一下手指"的信号之后，我们的内心才会有"动手指的意识"。

换句话说，不是"我们心中的'我'主动想要动手指"，而是我们观察到大脑向手指肌肉发出了"动一下手指"的指令，然后，"我们心中的'我'"才慌慌忙忙地意识到"我要动一下手指"。

在极端情况下，即使没有主动的自我意识，我们也会随意地采取行动。但是，为什么还会产生被动意识呢？对此，我觉得我们都有必要思考一下。接下来我们就来说一说这个话题。

这个话题好像和量子相距甚远，不过没关系，马上就会和自我意识产生联系了。

拥有自我意识的 AI 是如何产生的

对于"为什么会产生被动意识"这个话题,在前野教授的假说中是这么分析的:"原因是人们在记住过往发生的事情的过程中,需要有一个可以作为主语的主体存在。"

如前所述,作为意识主体的"我",只是在观察"我的动作"。只不过是自己加入了"我做了""我感觉到了""我想到了"这样的感受而已。

我们只是希望把"我做了""我感觉到了""我想到了"这样的"剧情"留在我们的记忆中。

近年来,人类正在大力发展人工智能(Artificial Intelligence,简称 AI)。其中研发难度最大的就是"意识主体"和"自我意识"。

通过程序的控制,可以让 AI 拥有"自我意识"。要实现这一目标,我想被动意识假说能贡献很大的力量。

到目前为止,人们让 AI 拥有自我意识的做法,是试图为 AI 创建一个"指挥中心",但是人类失败了。

如果我们运用被动意识假说的理论去构建人工智能,怎么做呢?我们可以创建一个能执行各种子功能的元素集合,然后为这些元素所输出的子功能创建一个"观察者",观察者将观察各种子功能的运行。

那么,如何创建"观察者"呢?量子力学将发挥巨大的作用。从这里开始,我们终于又回到正题了。

量子力学超越常识的无限可能性

在前文中，我从"意识是什么"这个主题入手，介绍了被动意识假说，介绍到所谓的"自我意识"不过是"观察者"，并介绍了要使 AI 拥有自我意识，被动意识假说的理论会发挥很大的作用。

接下来，让我们从量子力学的角度来仔细看看这个"观察者"吧！

在量子计算机的章节中，我曾介绍过量子的世界存在"｜0＞和｜1＞"的叠加状态，并且可以并行计算。

如果还云里雾里的朋友，这里也可以跳过。

关于量子叠加状态有一个非常有名的比喻，叫"薛定谔的猫"。

不同的黑匣子，量子状态不同。

首先根据量子的状态（是｜0＞还是｜1＞）设定黑匣子里的内容，如果是｜0＞状态，黑匣子就会释放毒药；如果是｜1＞状态，黑匣子就不会释放毒药。然后把一只猫关进这个带有陷阱的黑匣子里。这只猫是死是活，只有当你打开黑匣子的时候，才能确定。

"观察者"打开黑匣子"看到黑匣子里面"的瞬间，量子波包会收缩，此时才能知道量子状态到底是｜0＞还是｜1＞。而黑匣子是否释放毒药是由量子的状态来决定的。也就是说，打开黑匣子的时候才能判断黑匣子里面的猫是死还是活。

这个实验所呈现的关于量子力学的思维方式，也被称为"哥本哈根解释"。

对此，也有人认为这是"量子的多维世界"。

就是说，如果当我打开黑匣子的时候，猫是死的。那么，一定会存在一个猫还活着的世界。

因为在猫死去了的世界里，有"这个我"和"这个我的意识"存在，所以应该也存在一个猫还活着的世界。这就是关于多维世界的概念。

也就是说，在猫还活着的世界里，不是"这个我"，而是"别的我"和"别的自我意识"。

目前还没有谁能明确判断这个解释是合理的，所以在这里我也无法断言这个解释是否正确。但是，如果用多维世界来解释量子，那么对于量子这种不寻常的行为，至少可以解释得通，也能理解得了。只是"量子波包收缩"这样的解释，在我听来并不正确。

对于多维世界的概念，我的想法是，这个世界既存在当前的世界，也存在与当前世界平行的其他世界，而且这些世界的种类是无穷无尽的。

此时此刻你的意识在这里，用量子状态来说的话，可以把这里看作是 $|1>$ 的宇宙，在这里有"自己的自我意识"这个"观察者"存在。而在其他维度的世界里，还有一个 $|0>$ 的宇宙，在那里也存在一个自我意识，是"另外一个你"的"另一个自我意识"。因为 $|1>$ 和 $|0>$ 是不同的宇宙，所以分别存在于 $|1>$ 和 $|0>$ 两个宇宙中的"自我意识"是彼此没有联系的。

在此刻这个瞬间，我们正处于同一个宇宙。但是，下一个瞬间，这个宇宙就会发生变化。如果把构成这个宇宙的量子的总数看作 n，那么下一个瞬间，这个宇宙将会变成 2 的 n 次方个宇宙。也就是说，在此刻这个瞬间，构成这个宇宙的 n 个量子中的每一个，都存在 $|1>$ 和 $|0>$ 两种状态。那么下一个瞬间，量子的状态会变成 $\alpha|0>+\beta|1>$ 的叠加态。

同样的变化，在 n 个量子身上都会产生。

如果，量子的总数是两个。那么它的状态会有如下几种组合。

$\alpha_1|0>$ 和 $\alpha_2|0>$

$\alpha_1|0>$ 和 $\beta_2|1>$

$\beta_1|1>$ 和 $\alpha_2|0>$

$\beta_1|1>$ 和 $\beta_2|1>$

α 和 β 后面下标的数字符号,就是两个量子的编号,分别表示下一个瞬间两个量子的 |0> 和 |1> 态。

这部分内容,初次阅读的时候也可以跳过。

事实上,这里的 α 和 β 是我们在解释欧拉公式时用到的复数。

不管怎么说,大家要记住的就是,此时此刻是两个量子,在下一个瞬间会变成4个,也就是说量子的数量会变成2的二次方个不同组合。换句话说,在4个(也就是2的二次方)多维世界里,更多的世界会演化出现。

如果,此时此刻这个瞬间,宇宙中存在的量子的数量是 n 个的话,那么在下一个瞬间,多维世界的总数会变成2的 n 次方,这将是一个庞大的数量。

如果构成这个宇宙的量子的总数是 n,n 无限接近于无穷,那么2的 n 次方也是无穷的,其结果就是,宇宙会被分支成无限个宇宙,宇宙将会无穷无尽。

但遗憾的是,被分支出来的无限多个自我意识,从此之后分属于不同的宇宙,此后再也无法相遇了。而且,这无限多的宇宙,每时每刻都在不断产生分支,不断增多。

(对于量子力学有一定了解的读者朋友,我再追加一点,促成上述宇宙分支的量子,如果处于量子纠缠的状态,就必须被排除。)

前面介绍了这么多量子的内容,总体来说,20世纪初期发展起来的量子力学,以及在它基础上发展起来的量子物理学,还处在不断研究的过程中,目前未知领域还占据大部分的内容,鉴于此,我也只能向大家介绍目前能预见的内容。

在目前这个阶段,我只能说,自我意识其实还是一个未解的谜。

量子力学、脑科学和未来

诺贝尔奖获得者所提出的量子与大脑的关系

对于现阶段还处于未知状态的自我意识，学术界有一场讨论，认为量子力学对于自我意识的探究是不可或缺的。

但现实的情况是，无论脑科学家如何分析大脑，他们都没能找到自我意识的存在。AI 的最终目标是创建一个扮演"观察者"角色的自我意识，但目前我们还没有任何头绪，也无从下手。

并且，还有一部分人认为，自我意识，在古典物理学看来，根本无法解释。由此也可以看出，作为"观察者"的主体，只能隐藏在古典物理学的延伸领域，也就是量子和量子的世界中。

因研究黑洞而获得 2020 年诺贝尔物理学奖的罗杰·彭罗斯提出了"量子脑理论"，该理论认为量子力学深深参与了大脑中的信息处理。

如果读一下罗杰·彭罗斯的著作，我们便可以清楚地知道罗杰·彭罗斯是一位拥有超越日常观感的思考能力的人,也是拥有量子思维的人。

他认为,大脑不是古典物理学所能解释的现象,如果我们站在量子力学的层面看脑细胞,一定可以发现一个主导自我意识产生的量子力学的构成规律。

虽然目前来看这只不过是一个假说,还属于臆测性的观点,但随着量子物理学研究的逐渐深入,是真是假一定会有定论的。

还停留在假说和臆测层面的内容,也是很多的。

几年后,几十年后暂时还不知道,但是随着量子物理学研究的逐渐深入,自我意识的产生原理逐渐明晰,到那时,让人工智能拥有自我意识将变成可能,这也意味着时代会进入一个大变革时期。当前还只能在电影和小说中看到的情节,还无法用日常观感来描述的世界,将最终变成现实。

说到拥有自我意识的人工智能,我们可以想到很多,比如曾在斯坦利·库布里克的科幻电影《2001:太空漫游》中登场的HAL,还有很多在其他科幻电影中登场的人工智能和机器人。在科幻世界里,人类会疲于应对拥有自我意识的人工智能和机器人所引起的叛乱。这样的科幻情节,如果在未来的某一天真地变成现实,也不是什么不可思议的事情。

你能否可以想象未来那个"不可思议"的时代,以及你现在是否可以采取行动为未来做准备,这些将取决于你是否已经形成了量子思维。

玄学的秘密也将由量子揭开

对于量子力学，我从自我意识入手，从与理科相对的哲学和心理学的角度出发，进行了说明和介绍。

现阶段还无法解开的谜团，未来期待能在量子力学和在其基础上发展起来的量子物理学中找到答案。

世界还充满着如此多尚未被人知晓的东西，其原因大概在于我们仅仅借助了经典力学来探究世界吧。

这些未解之谜中极具代表性的，要数令众多脑科学研究人员所困惑的自我意识的问题。随着对自我意识的研究更加深入，这些靠经典力学无法解释的谜团，有望迎来被解开的较大突破。

也就是说，平行世界、超能力、心灵感应、UFO、气功等，没有科学依据看起来怪诞不经的玄学，以及那些赞成和反对意见参半且争论不断的现象，都可以通过量子物理学来得到合理的解释。

我终于说到玄学的话题了，我想关于这个主题的介绍也要接近尾声了。最后，我个人认为，一旦量子计算机研发成功，我前面所介绍的"多维世界"也就有了可靠的证明。

换句话说，理论上可能会有无限多的计算机在无限的宇宙中进行计算，这可以用有限的量子状态和有限的量子门来实现，未来这些设想估计都会得到实践验证。

那么，这些事实将会如何改变我们的生活，我想只有量子思维能告诉我们答案了。

快速了解量子力学的技巧

关于量子物理学,只要我们多看看书,多看看电视节目,那些不可思议的新知识和内容就足以让我们怀疑自己的眼睛。从｜0＞和｜1＞叠加状态的存在开始,就像是在经历一次奇迹般的巡游。

当然,量子力学的发展开始于20世纪初人类注意到一些无法用经典力学来解释的现象。为了解释这些现象,众多天才物理学家便发展出了量子力学。

市面上有很多关于量子力学发展历史的书籍。本书不会涉及量子力学的发展历史,本书想要强调的是这些天才物理学家所拥有的超越日常观感的思维方法,也就是本书所要介绍的量子思维。

我这么说,可能很多朋友会觉得是不是之前提到过的知识体系也要打乱重来,其实完全不用。

最终虽然说到了"我的意识"这样的话题,但是量子力学的知识,以及从中派生出来的量子思维,只是占据了我们庞大的知识体系的一个角落,它并不是为了和我们以往所学习的关于古典物理学的那些概念形成对立和对抗。

像我在本章中所说的那样,量子的世界是用常识无法想象到的超越日常观感的全新世界。但同时，我敢断言，它并不会完全否定过去的古典物理学和基于古典物理学的思维方式。

所以，未来还有很长的人生路要走下去的我们，非常有必要吸收量子力学和量子物理学的知识，升级我们的大脑，形成丰富的知识体系。

量子力学其实也是古典物理学的延伸

之前我也曾说到过，量子力学其实是古典物理学的延伸。喜欢物理的读者朋友，我们一起从20世纪初的物理学的发展脉络开始梳理吧。

说到20世纪初的物理学发展，就不得不提及爱因斯坦的相对论。
我想很多朋友都知道，相对论分为广义相对论和狭义相对论两种。

狭义相对论基于"迈克尔逊·莫雷实验"中所证实的"光速不变原理"，阐述了时间的速度和空间的距离等是相对于观察者或测量速度和距离的物体的运动速度而言的。

在我们的日常观感中，不管飞机和新干线列车的速度多么快，其速度和光速比起来，仍然是非常缓慢的，在飞机和新干线列车里我们感受不到时钟有变慢的现象，也感受不到距离有缩短的现象。

但是，完全无视狭义相对论的阐释，可以吗？不可以。

接下来的内容不过是"中学水平"，不过初次阅读的时候可以选择跳过。

比如，确定智能手机所在位置的 GPS 卫星，就是依据狭义相对论的原理来校正位置信息的。

这种校正计算所依据的变换公式，被称为"洛伦兹变换"，其公式表示为[*]：

$$t' = \frac{t - \frac{vx}{c^2}}{\sqrt{1 - \frac{v^2}{c^2}}}$$

$$x' = \frac{x - vt}{\sqrt{1 - \frac{v^2}{c^2}}}$$

$$y' = y$$

$$z' = z$$

这些公式既不是微分也不是积分，是一个普通的中学数学水平的方程式。其中 c 的值是不变的，指一定的光速度。

t、x、y、z 是跟着你一起移动的坐标轴上的时间和位置，

---

[*] 编注：当相对运动发生在 x 轴上时。

t'、x'、y'、z' 是与你保持相对速度差 v 在坐标上移动的时间和位置。

牛顿将经典力学体系化的时候所考虑的时空称为"绝对空间"。

一个时间在这个宇宙中流动,如果把它的纵坐标和横坐标分别用 x、y、z 来表示,在整个宇宙中,有一个单一的时间流,而其长度、宽度和高度,分别可以表示为 x、y 和 z 坐标。如果在坐标系的某处设置一个参考点,那么 x、y 和 z 的坐标将是单一的数值。

这样的解释与我们的日常观感是完全一致的。

但是,如果你乘坐新干线列车,你将一个苹果扔给邻座的人,记住是扔过去而不是用手递过去。如果此时有一个少年正好透过自己家的窗户看到了飞速驶过的新干线列车,那么在这个少年的眼里,你所扔出去的这个苹果是如何运动的呢?

我想很多人知道答案。在少年看来,苹果的运动速度与新干线列车的运动速度是一样的,都是时速 200 千米,而且苹果正在新干线列车的两个座位间移动。对,大家的理解是对的,就是这样。回答正确的感觉是不是还不错?

你所见到的苹果的运动和那位少年所见到的苹果的运动不一样,这就是相对论的原理。

但是,由绝对空间中坐标原点的速度差异而产生的相对性，被称为"伽利略相对性"，其变换公式被称为"伽利略变换"。

请看下面的公式，公式中没有出现光速 c，时间也没有发生变化，但这些公式也能说清楚我前面提到的变换公式。

$t' = t$

$x' = x - vt$

$y' = y$

$z' = z$

哇，真是太意思啦！这种打破日常观感的感觉真的很好，对吧？但是，请不要忘记，这就是量子思维的作用。

前面我介绍过，在量子物理学的发展初期阶段，主要理论是薛定谔方程。

但是，如果将薛定谔方程用于"即使与光速相比都不容小觑的超快速度运动的量子"身上，它不可能维持原来的方程不变。

也就是说，必须将薛定谔方程变为"即使是对洛伦兹变换也要保持不变性"的形式。其改变后所得到的结果，我只介绍"克莱因·戈登方程"，或者"狄拉克方程"。

我前面也介绍过，量子物理学还将经历进一步的发展，即场的量子理论。当然了，这些领域的内容已经超出了本书要讨论的范畴，我就不再介绍了。

最新的宇宙物理学可以用量子思维来解读

爱因斯坦的另一个相对论是广义相对论,也就是"时空弯曲"理论。

质量较大的星球附近的空间是弯曲的。当光穿透弯曲的空间时,光看起来也是弯曲的。因此,我们能看到位于某个星球后面的别的星球,这可以理解广义相对论的理论是正确的。

最近广义相对论所预言的引力波终于被观测到。由此,广义相对论的正确性得到了越来越多的证实。

那么,引力波是什么呢?引力波是一种现象,指时空弯曲中的涟漪,通过波的形式从辐射源向宇宙空间中传播。

看到这里,我想有一个趋势已经越来越清晰,那就是我们绝不能再固守于牛顿进行经典力学体系化时所考虑的绝对空间,以及由此构成的我们日常观感中的世界。

一种全新的趋势正在加速形成,我们要时刻关注和重视这些变化,这就是我向大家推荐量子思维的原因。

当前,在量子物理学领域,"超弦理论"和"量子引力理论"正在被积极研究,人们期望达到与爱因斯坦的"广义相对论"相结合的目的。

这就好比我们在自己的知识体系里为量子物理学增设一个位置，将迄今为止已经掌握的知识和学问升级一个阶段，变成新的知识和学问。

为我们的大脑升级这件事，除了量子物理学以外，其他领域是很难做到的。从这个角度来说，一知半解地学习和掌握量子力学的知识，其重要性不言而喻了吧。

我们要敢于高谈阔论

我又要重复说几句了。最重要的事情是我们要有"知之为知之，不知为不知"的自我认识，并在你的知识体系中盖上这样的印记。

量子物理学是如此神秘，不可能用简单的语言来描述它。因此，在你的知识体系里最好留下一定的图像，而不是具体的文字。

在以往的知识体系中，有语言文字、有图形图像、甚至有依靠味觉嗅觉等五感所获得的信息，可以说我们的知识体系是丰富多彩的，但毫无疑问一定是以语言文字为主的。即使是图形图像和基于五感而获得的信息，也是可以用语言文字来描述的"古典"知识体系。

但是，这次我们要为自己的知识体系做扩展的量子物理学领域，如果不使用超越古典思维的东西，是无法描述清楚的。所以，我建议大家暂且放弃使用语言文字，挑战一下使用图形图像来描述量子物理学吧。

为此，我建议大家去查阅带有插图的书籍、观看视频，即使一知半解，也要用自己的方式将量子物理学阐述清楚，并将之融入你的知识体系中。这才是上策。

量子的世界，其存在本身就是一件不可思议的事情。放弃"我要用语言表述清楚""我要做到能给别人讲清楚"之类的执念，是你做到"自己大概能明白"，并扩展自己的知识体系的第一步。

第5章

用量子思维解读商业和科技的现在与未来

第四种范式——大数据到底改变了世界什么

在前面的章节中,我介绍了谷歌的天才的非同凡响的故事,以及向天才看齐的"量子思维",并且介绍了形成"量子思维"的方法——构建"知识体系"和学习"量子力学"。

我并非天才,但是在知识体系的帮助下我多多少少接触到了"量子思维"的边边角角。我接下来想要给大家分析分析当前的现状(可以当作对现实情况的指引),并说说我的期待。

大数据分析后发现理论

首先,我将介绍科学研究法的新范式(Paradigm,某种必须遵循的规范或大家都在用的套路)。

范式,是科学史上的一个特殊概念,由科学史家托马斯·库恩在20世纪60年代开始提出。

因为定义模糊不清,所以直到现在范式仍然是一个有争议的概念。对于范式的解释是这样的,"范式是指科学史上能代表某个时代或某个时期的科学研究方法的框架",其实我并不认为这样的解释有什么错误。

接下来,我将以此解释为前提展开介绍和说明,并希望由此找到如何在新时代取胜的相关线索。

继在 IBM 和 DEC 等知名公司的工作之后，1995 年就任微软研究院的技术研究人员，并于 1998 年被授予图灵奖（计算机界的"诺贝尔奖"）的计算机科学家詹姆斯·尼古拉·格雷博士（又称詹姆斯·格雷），在 21 世纪初提出人类的科学方法已经进入了一个新的阶段，即"第四范式"。

既然已经到了第四范式，那么也就意味着在詹姆斯·格雷博士看来人类科学研究方法已经经历过了三个范式。

第一种范式，是由有着"万学之祖"之称的古希腊哲学家亚里士多德集大成之后，一直影响到中世纪的古希腊自然科学的范式。

第一种范式是以"天动说"为代表的时代，其中非常典型的例子是"天空似乎是围绕着北极星旋转的"等一系列"用人类经验来记录和描述自然现象"的科学研究方法。

第二种范式，是援用数学的"理论构造"来描述和理解自然科学的"力学"和"天文学"所代表的时代的科学研究方法。其典型代表是莱布尼茨和牛顿的微分和积分。

第一范式是依据经验来记录和描述自然科学的，第二范式发展为理论构造。第三范式便变成了"利用计算机的科学研究方法"。

运用超级计算机等高效能计算进行数值模拟,以此来分析和研究自然现象。其分析研究结果可以用表格、图表、图形或可以更加直观表现的 CG(指 Computer Graphics,即计算机图形或数码图形)来呈现。用这样的方法来观察、研究、理解复杂的自然现象的范式就是第三范式。

好啦,终于到了我们本书的正题,也就是继前三种范式之后的最新范式登场了——詹姆斯·尼古拉·格雷博士所提出的第四范式。用一句话来概括,就是"利用大数据的科学研究方法"。

在科学领域,数据也像海啸一般涌来,出现了很多新的科学研究方法,比如"Data Centric Science(以数据为中心的科学)"或者"e-Science(电子科学)"。詹姆斯·尼古拉·格雷博士便是在这样的背景之下,提出了第四范式。

从日常重复的少量数据中总结和认识自然现象,是第一范式时代靠经验来进行科学研究的做法。但是,当前科学领域所发生的事情是,我们可以得到的数据过于庞大。其结果是,自然现象的整体面貌,被庞大的数据量所阻隔,导致我们靠经验无法观察清楚。

因此,我们不再将任何理论作为研究的前提,我们希望在大数据的分析和解释中,"新的理论能逐渐浮出水面"。这就是我们现在所追求的全新的科学研究范式，即"在大数据分析后得出理论"。

前面我用直觉性的语言进行了简单的说明，其实这就是第四种范式——基于大数据的科学研究方法。

范式是互相联系的

在这里，有一点希望大家不要误解。范式其实是"代表科学史上某个时代或某个时期的科学研究方法的框架"。那么当时代或时期发生变化，进入下一个时代或时期的时候，之前那个时代的科学研究范式对于下一个时代的科学研究并不是完全不起作用。

第一范式的科学研究方法，即使到了第二范式的时代，仍然可以在不断修正的基础上得到很好的应用。而且，第二范式时代的理论架构，正好是第三范式时代的计算机科学研究的基础。

当前以数据为中心的第四范式时代已经来临。即使如此，没有人会舍弃第三范式时代所形成的依据庞大的数据计算来分析和解释自然现象的做法。

这一点，通过对学术学科的比较，可以更好地理解。

比如，小学的科学技术课程，是从经验性知识开始的。

比如，对于月亮的盈亏变换，太阳的升起落下，四季的轮回等，我们是借助自己的经验来理解这些自然现象的。我记得我是这样学习的，我想大家应该也是如此。

当然，因为地心说的存在，我们不再是单靠观察来学习和理解这些自然现象，我们可以知道，"地球绕着太阳公转的同时，地球自己也在绕着地轴不断自转。地球绕着太阳公转，地轴相对于其轨道平面的倾斜，为地球带来了四季的轮回变换"。并且，我们能接受这样的说法。

到了中学，科学技术类课程中会使用公式等理论架构来教授对应学科的课程。

到了高中物理，即使这些方程是微分和积分计算的结果，但它们也不一定都是直接使用微分和积分计算而得的。

这些理论构造方法的精髓，如，在微分和积分的直接帮助下，重新阐释了经典力学的分析力学和电磁学等，都在等待能进入大学课程。

这些理论构造方法的最高价值，就是使用线性代数、偏微分方程和傅里叶变换等，将我们带入量子力学的世界。

大约在那个时候，找不到"解析解"的问题开始登场。那些只能用第三范式时代的数字模拟计算来分析的自然现象，也渐渐作为探究对象而浮出水面。

"解析解"是指在解答方程式的时候，通过式子的变形转换而得出的答案。

面对这些通过方程式的变形转换无法获得答案，也无法获得"解析解"的问题，一般的做法是将方程式中的变量假设成具体的数值，然后再不断改变这些具体的数值，通过不断反复的计算来验证和观察自然现象的变化。这种一步一步不断尝试来探究自然现象的方法，就被称为"数字模拟计算"。

前文中我在介绍电子模拟计算机的时候，曾提到"使用电子数字计算机，无法在规定的时间内计算出答案"，那个时候电子数字计算机所进行的计算，就是数值计算。

我们即将进入一个新时代——"量子力学是商务领域的基础"

各个时代的范式都发挥着相应的作用，第四范式也一样，毫无疑问它必将极大地震撼当前这个时代。而在这些大数据的运作中，我们需要量子力学的大量帮助。

比如，人工智能在计算处理那些如天文数字一样庞大的大数据时，必须得借助量子计算机的帮助。

从这个点上看，将量子力学这个全新的难以理解的领域的知识，收纳进我们每个人的大脑中，绝对不是一件无益的事情。

在第三范式的时代，也就是"通过计算研究科学"的时代，不依赖计算机设备而仍然坚持模拟计算的各位朋友，将不会战斗在未来社会的最前沿。

非常遗憾的是，在这轮新冠肺炎疫情所引发的远程办公浪潮中，我们才将未来的趋势看得明明白白。对于俗话中所说的"真正的社会人"来说，虽然对于未来的趋势我们每个人的理解可能存在深与浅的差异，但是掌握必要的最低限度的计算机技术，已经是理所当然的事情。

同样，在未来的某一天，我们每个人也必须要掌握对于社会人来说最必要、最低限度的关于量子力学的知识和技术。为什么这么说呢？因为如同第三范式一样，第四范式已经明确告诉我们了。

逃避量子力学就是阻挡自己向未来前进的步伐。这样的认识，对于将要在即将到来的第四范式时代生活的我们来说，也是必须有的最低限度的认识。

内容已经介绍到这里了，但可能还是会有很多朋友存在误解——"你说的这些，都是针对理工科的人来说的吧！"

其实，大数据已经开始在商务领域不断扩展了。

我有一种预感，不管是在科学界还是学术界，大数据可能会为人文学科的研究塑造新的研究范式。

计算机,只是做计算而已

计算到底是什么

关于第四范式,我们先从概念入手进行了说明。接下来通过具体的主题——"新的范式已经到来(或者说新的范式已经开始)",我们一起去看看事实吧。

而具体的主题,就是我们从儿童时代开始就一直在做的事——"计算"。

说到"计算"这个词,你能想到什么呢?

首先,我们能想到的肯定是小学所学过的算术,整数、小数、分数的四则运算。确实,这是第三范式时代计算机进行"数字计算"的根本,其作用不容小觑。

其次,看到"计算"这个词,我们能想到的是中学时代的数学课程,各种"式子的变形转换"。之前我曾介绍过,通过式子的变形转换所得到的解被称为"解析解"。"解析解"和通过数字计算所得到的解是有区别的。

数字计算,最后得到的答案是数字。而方程式变形转换后所得到的是"解析解",如果是一元方程和二元方程这样的代数方程,它的"解析解"会是数字。如果是因数分解或微分积分的话，其结果将会是"函数"（函数也是用式子来表示的）。

计算机上的"计算"是什么

接下来，我们要说到的这个话题是，"数字计算"和"式子的变形"这两种不同的"计算"，在计算机上是怎么进行的呢？

计算机，"文"如其名，其实就是"计算器"。如果在计算机上安装好能运行加、减、乘、除指令的程序，计算机便可以进行数字计算。这个逻辑是很容易理解的。我们暂且就这么理解。

对于式子的变形转换，20世纪60年代有了计算机代数系统，并一直使用至今。

有一个计算机代数系统叫"Maxima"，可以从网络上免费下载，然后安装到计算机上，之后便可以轻松使用了。通过这个系统，不仅可以计算出因数分解和微分、积分的结果（式子），还可以计算出微分方程式的结果（函数），而且还可以计算出加减乘除四则运算及公式变形转换的结果（数值）。

另外，比如三角函数 sin（x）或 cos（x），系统可以将数值代入 x，以此得出三角函数的值。当然了，将 sin（x）进行微分得到 cos（x），或者将 cos（x）进行微分得到 –sin（x），诸如此类公式的变形转换也是可以做到的，而且是主流的用法。

对数学没有兴趣的朋友，可能会觉得"这都是什么跟什么啊"。总之，在进行以式子的变形为主的复杂计算时，这是个非常便利的工具。

在刚刚介绍的关于范式的内容中，我曾介绍过如下内容。

"这些理论构造方法的最高价值，就是使用线性代数、偏微分方程和傅里叶变换等，将我们带入量子力学的世界。大约在那个时候，找不到'解析解'的问题开始登场。那些只能用第三范式时代的数字模拟计算来分析的自然现象，也渐渐作为探究对象而浮出水面。"

Maxima 系统也无法避免"有的问题无法找到'解析解'"的局限。

为了破解这个局限，量子化学计算、分子模拟计算等各种各样的数字计算方法开始出现，它们开发出了可以替代"解析解"的近似解。

这里的"量子化学"指的是运用量子力学的知识去理解和分析化学现象，这在化学界还是比较新的领域。

在本书中，我不会谈到更加深奥的内容和话题。但是，本书必须说到下面这两个内容，即"ab initio calculation"和"semi empirical calculation"两种不同的数字计算方法。"ab initio calculation"也被称为"first-principles calculation（第一性原理计算）"，它指的是不使用从实验或其他来源获得的任何数据的计算方法。"semi empirical calculation"，也被称为"半经验法计算"，也是一种计算方法，它希望通过酌情使用从实验中获得的数据来降低"什么都从头计算"的计算成本。

后一种计算方法也被称为"数据内化"，近年来，在自然科学领域成为一种越来越流行的方法，它可以更好地利用从实验和观察中获得的大量数据。

这象征着第三范式（通过计算进行科学研究的方法）已经在向第四范式的方向发展。

AI 实际上也只是在重复计算

不管是第一性原理计算还是半经验法计算，因为都要进行庞大的数据计算，所以理想的做法是使用超级计算机。

但是老实说，要找到一台易于使用的超级计算机，却并不容易。

作为超级计算机的替代方案而备受关注的，是将一直以来用于图像处理的 GPU（Graphics Processing Unit，图形处理单元）作为 GPGPU（General Purpose GPU，通用图形处理器）即是通用 GPU 来使用。

大家注意到这一方法的契机是，GPU 的主要生产商

NVIDIA 公司（全称为 NVIDIA Corporation，中文名称为英伟达）强烈支持 GPGPU，并开始为 GPGPU 提供一个 C 语言的集成软件开发环境，被称为 CUDA（Compute Unified Device Architecture，计算统一设备架构）。

GPGPU 不仅被用于广泛的数值计算，如量子化学计算和分子模拟。随着深度学习的成功，人工智能计算正在进入第三次繁荣。GPGPU 也将被用于人工智能计算。

因此，这里有一个不可忽视的事实。乍一看如此高级、如此优雅的人工智能（深度学习），实际上也只不过是在进行庞大的数值计算而已。

2016 年 3 月，AlphaGo 挑战韩国职业九段围棋选手李世石，AlphaGo 以 4 比 1 取胜。为 AlphaGo 提供计算的，除了 1202 个 CPU 之外，还有 176 个 GPU。可以看到这是一个非常庞大的数值计算量，也就是说在围棋对弈的过程中，AlphaGo 背后一直在进行实时的庞大计算。

如果我们再仔细进一步看看在这场围棋对弈中深度学习都做了什么，可以看到，支持深度学习的神经网络节点之间的权重计算是首先进行的，然后才是走下一步棋。

这些权重是基于从过去的棋谱中得到的庞大数据而算出来的。这个过程就被称为深度学习，这也是最新的现代机器学习的学习过程。

由此我们可以看到，虽然各个领域有所不同，但被称为半经验法计算的第四范式才是未来的发展方向。

目前 AlphaGo 也在进行持续改进，现在已经更新到了第五代，被称作 AlphaZero。

它的计算器，也从 NVIDIA 公司的 GPU 替换成了谷歌公司自主研发的 TPU（Tensor Processing Unit），一共用了 5000 台。

2017 年 12 月，AlphaZero 面世，并在两个小时内击败了日本将棋程序，在四个小时内击败了当时世界国际象棋冠军程序 Stockfish。当多个数值排成一列的时候，AlphaZero 的 GPU 和 TPU 可以将相同编号下的多个不同数列进行相乘，比如第一组相同编号下的数列相乘、第二组、第三组……第 n 组……直到最后一组相同编号下的数列相乘，再把相乘后的积一个接一个地相加，以此进行快速而有效的先积后和的计算。

在计算向量内积的时候，$N=2$，其计算公式就是"$a_1 \times b_1 + a_2 \times b_2$"，这可以说是上述先积后和的计算中数量最少的例子。

在第四种范式时代的"正确"生存方法

超级计算机、人工智能（深度学习）等担负着下一代重任的计算机相继登场，看起来这些都是深奥复杂的话题，但我想说的是，"计算机，终究不过是计算的机器而已"。

打开机盖看看计算机的内部结构和原理，这些新一代计算机所进行的运算也不过是四则运算和式子的变形转换而已。这些计算机所做的，不过是我们学生时代所学过的算术和数值计算的庞大重复而已。

人工智能、机器人等看起来好像有自己的思想，好像是在掌握了一定经验的基础上按照自己的想法在行动，而实际上并非如此，它们所做的也不过是数值计算而已。

所以，在特定领域和特定操作中，人工智能和机器人看起来比人类更有效率更具优势，但是，这并不意味着人类在面对机器人的时候就只有失败的结局。

但是，第一性原理计算正在以大数据不断内化的形式向半经验法计算发展，这正预示着第四范式时代的到来。同时，这也告诉我们，随着第四范式时代来临，身在其中的我们以怎样的方式面对才最好。

计算机只是用来计算的机器，那么开发这些计算程序的是谁呢？没有别人，就是我们人类自己。

支撑人工智能发展的深度学习其实也是在人类的"双手"中得以发展的。为机器设置命令的程序员的工作，蕴含着巨大的发展潜力，在第四范式时代将会大放异彩。

"产销合一"的时代意味着什么

IoT 是读懂未来的钥匙

所谓 IoT（Internet of Things），如其名字"物联网"一样，世界上能连接互联网的事物越来越多，而且在不断增加。在你我的生活中，能见识到物联网的机会也在不断增多。

在物联网成为话题之前，我大概是在 2008 年左右开始提及物联网的，那个时候，周围的人完全没有什么积极的反应，甚至还会以奇怪的眼光看我。

但是，随着物联网的话题逐渐渗透到日常生活中，很多人再次好奇地问我，"为什么从那么早开始，你就能预言物联网会逐渐普及呢？"

其实，我能像预言家一样做出判断，正是我在本书中介绍的量子思维的作用。

现在市面上有很多关于物联网的书籍和杂志，还有很多声称能连接互联网的商品在售卖，在这里我就不一一介绍了。但是，对于物联网我们是否有足够的认知呢？对于自己所知道的知识还没有足够自信的朋友，我建议大家还是用老办法，上网去查一查。

本书中我将介绍平常不大能接触到的物联网的另一个侧面，以此作为了解未来的线索。

我将以"物联网带来'产销合一（Prosumer）'时代"的视角来解读物联网。

德国和美国的国家战略

Prosumer，应该翻译为"产销合一者"或者说"消费者即生产者"。未来学家阿尔文·托夫勒在其1980年出版的《第三次浪潮》一书中创造了"Prosumer"这个词，"Prosumer"结合了"生产者（Producer）"和"消费者（Consumer）"这两个词语的意思，用来描述一种拥有新生活方式的消费者。大家可以将"Prosumer"理解为"参与产品的策划、研发和制造的消费者"。

毫无疑问，互联网在专业消费者的崛起过程中起到了非常重要的作用。

随着物联网时代的到来，消费者和制造商之间的关系越来越紧密，可以更加确定的是，消费者塑造经济核心的时代正在向我们走来。

面对全新的变革，近年来，德国和美国已经率先在物联网方向上迈出了重要步伐。

德国的举措是推出"工业4.0",这是一项涉及国家公共服务部门和民营主体的国家战略,有时候也被翻译为"第四次工业革命"。

该战略的名称中并没有使用"革命"一词,但是为什么会被翻译成"第四次工业革命"呢？原因可能在于"工业"后面的编号"4.0"上。

众所周知,迄今为止人类已经经历了三次工业革命,在"工业"后面加上"4.0",当然也就变成第四次工业革命了。

说到工业革命,第一次工业革命的标志或开端便是蒸汽机的发明。

接着,第二次工业革命是电气化革命,蒸汽被电能所取代。

然后,第三次工业革命是计算机发挥重大作用的信息化革命。

"工业4.0"是可以用一个短语来描述的规划,那就是"高频度使用物联网"。这似乎是计算机发挥巨大作用的信息化革命的延伸。德国认为"这是一个新的历史阶段,这是一次新的工业革命",所以德国举全国之力在推动第四次工业革命。

其实,在这件事情上,日本已经跟随德国的步伐采取了相关的行动。2017年3月，在德国汉诺威，当时的安倍首相和经济产业大臣世耕弘成会见了当时的德国总理默克尔和德国经济部长，双方签署了《汉诺威宣言》，并表示"日本和德国将共同推动第四次工业革命"。

另外，美国推出的战略是"工业互联网"。

美国的战略内容和德国的几乎相同。两国都把本次战略当作第三次工业革命的延伸，都看重计算机在工业革命中的重要作用，并且都是在信息化革命的框架内为战略命名。但是，美国和德国的战略又存在微妙的差异。

美国之所以把物联网时代看作信息化革命的延伸，其原因在于以苹果、亚马逊、谷歌为代表的硅谷互联网霸主们，已经有过因创建标准化平台的战略（即制定事实上的执行标准）而成功的先例。除此之外别无理由，美国就是想要延续这些互联网霸主们的成功战略。

至少，如果想要实现"产销合一"，创造物联网新时代，那么发挥巨大作用的，毫无疑问正是这些互联网霸主。

"产销合一"时代的课题

不管是德国的"工业4.0"，还是美国的工业互联网，其想要实现的新型"制造"模式，其实就是以极具竞争力的成本制造出反映了最终消费者需求和偏好的产品。

但是,这并不是过去多次尝试过的那种多品类低产量的不彻底的生产方式。

为特定的最终消费者订制的单一产品,其生产成本和批量生产同一种产品的生产成本相比,仍然具有一定的竞争力,这是"产销合一"时代应该克服和解决的课题。

极端说,为了削减制造成本,工厂会以物联网器械和机器人等智能化生产为主,慢慢地,工厂会变成"没有工人的智能化工厂"。连接上下游供应链的物流,也会替换成可以自动行驶的无人驾驶运输卡车。

而且供应链也必须满足最终消费者的需求和偏好,也就是说我们必须改变供应链的面貌,将供应链转变为我们所说的"需求链"。

不管怎么说,毫无疑问,在未来社会,智能工厂、物流等都会尽可能朝着"无人化"方向发展。换句话说,未来"蓝领"工人可能会失去工作,我们不能否认和回避这样的趋势。

"在特定的作业中,虽然人工智能和机器人看起来比人类更加高效,但是也并不意味着我们人类就会完全输给这些机器。"话虽如此,可能有的人会被迫处于不合理的工作岗位或不合理的地位,这些都是大势所趋,无法回避。

这还不仅限于蓝领职业,即使是白领,如果只是做些单纯的事务性工作，比如传发票、在计算机上录入信息、将信息从计算机的这个位置复制和移动到另一个位置等，这些工作终究会被统称为"RPA（Robotics Process Automation，机器人流程自动化）"的计算机程序所取代。

所以请大家一定要记住，第四次工业革命所带来的，可能并不是一个美好的社会。

解决这个问题的办法之一，便是建立一个名为"基本收入"的新型社会保障体系，这在最近已经成为热门话题。我稍后将针对这个话题进行介绍，接下来先让我们继续说第四次工业革命的话题。

前面我曾提到，"Prosumer"就是指"参与产品的策划、研发和制造的消费者"。

我们有足够的理由期待，作为"工业4.0"和工业互联网的发展结果，阿尔文·托夫勒所预见的新生活方式（产销合一）一定会成为现实，虽然从"参与"的角度看"产销合一"的消费者仍然处在"间接参与的地位"。

而这种"间接参与的地位"，其实正好有力地说明了在驱使"产销合一"时代来临的过程中，硅谷的这些互联网巨头仍然发挥着巨大的作用。

为什么这么说呢？如果想要实现将消费者的真正需求与产品的规划、研发和生产过程联系起来的目标，在这个过程中，处于最有利地位的便是这些已经和消费者有着深度联系的互联网巨头。

当然，这些互联网巨头们也有自身的弱点。在制造领域，他们的经验还是比较有限的。

为了补足自身的不足之处，他们不得不密切关注围绕着无人驾驶汽车而展开的面向汽车业界的行业合作和行业扩展。

在制造行业中，汽车制造所涉及的上下游关系非常广泛，行业所涉及的产业面非常宽，从这一点上看，汽车制造业对他们来说有着迫不及待想要参与的极大魅力。

我所介绍的内容太过广泛了，可能有的朋友会想"那我们到底应该怎么做好呢"。简而言之，在这里我想说的是，物联网正在掀起一场堪称产业革命的大变革，对此我们要有清晰明确的认识。

在此基础上思考自己的未来和今后要选择的道路，我想这绝不是浪费时间的行为。越是这个时候，越要运用量子思维，想出更多超越日常观感的新创意和新想法。

信息和通信技术在教育行业的应用

ICT 能改变教育环境

关于量子思维对新时代的影响,在这里我想说说教育行业的话题。

目前,关于在义务教育阶段引入信息和通信技术的讨论正在持续进行。在此我也要谈谈"运用 ICT 的教育"。所谓 ICT,就是 Information and Communication Technology,即信息和通信技术。

运用 ICT 技术的教育,简单地说,其实就是在中小学教育活动中使用计算机和互联网。

2019 年 12 月,日本政府发布了"GIGA 学校构想"。

GIGA 是"Global and Innovation Gateway for All"的简写,其意思是要为义务教育阶段的所有学生提供参与全球化和技术革新的教育机会。

具体内容:运用 2020 年的年度预算,为义务教育阶段的所有学生配备个人计算机。日本中小学校的教室都要配置能连接互联网的 Wi-Fi 设备。

计算机的机型和品牌等没有限制，由日本1万7千个区（东京都）/市/町/村的教育委员会选定，国家仅仅指定了操作系统必须要为"苹果的 iOS、谷歌的 Chrome OS、微软的 Windows OS"中的任意一种。

那么，在考虑家庭经济状况时，可能会成为问题的是各个家庭的宽带的差异。我后面将要介绍"翻转式教学"，这个计划想要成功，在家里能正常学习是非常重要的条件。

要实现充分运用 ICT 的教育，除了要为每个学生配备一台计算机，还需要学生家里的网络能顺畅连接互联网，也就是说对各个家庭的宽带环境的差异不能坐视不管。

我曾听说过这样的事情，在供电情况较差的贫困国家，到了晚上，有的学生会在街道的路灯下用纸笔努力学习。日本的经济情况较好，孩子们不会吃这样的苦。

所以，除了配备计算机以外，包括区域内的免费 Wi-Fi 等一系列环境设施的配置配备都是必需的。目前一些地区已经为家庭经济情况不好的学生们免费提供了可以使用移动电话网络的口袋 Wi-Fi。

利用 ICT 实现翻转式教学

那么配备了计算机，利用 Wi-Fi 顺畅地连上了网络，今后的学习就高枕无忧了吗？并不是。

这就好比只是为孩子们准备好了文房四宝，而教育和学习是在此基础上的事情。

必须要准备的是电子教科书。当然了，像现在市面上的电子书一样，把现行的纸质版教科书直接转化成电子版，绝对是不行的。我们的目标应该是充分利用文字、动画和静态图像的真正的 E-Learning。

真正的 E-Learning 应该是"理解式学习"。比如学习分数的除法，不是让孩子们背诵"分数的除法，其实就是倒过来乘"这样的计算法则，而是需要利用动画、静态画面、文字等让孩子充分理解并吸收其计算法则，这样的电子教科书才是我们希望的理想的教科书。

培养真正的全球化人才所须解决的课题

前面从利用ICT的角度介绍了日本当前的教育动态，可能有的朋友会感到很困惑，会觉得"你给我介绍这些，我也不懂啊"。接下来我们将回到正题，那就是告诉大家如何应对当前社会中出现的这些新常态。

明治维新以后的 150 年中，为了能尽快赶上欧美发达国家，日本教育的重点是以高效的方式记住正确的答案。比别人记住更多正确答案的学生会得到"优秀、头脑灵活"的评价。

但是，现代社会通用的"全球化人才"，其要求却与此不同。

我们的教育必须调整方向，要培养现代化社会所需要的人才，那就是善于发现问题本身，并且愿意为一个可能有也可能没有正确答案的问题而不断思考不断探究的新型人才。

因此，对于分数的除法，即使我们不要求孩子死记硬背"分数的除法其实相当于乘这个分数的倒数"这样的计算法则，我们无法断言那些为加深学生理解而融入了丰富的动画、静态画面和文字的电子教科书可以适用于全球化人才的培养。

也就是说，电子教科书应该由"分数的除法，应该怎么计算呢"或者"分数的除法其实就相当于是乘分数的倒数，为什么呢"这样的"提问"来构成。

这才是"翻转式教学"的出发点。

所谓翻转式教学（flip teaching 或 flipped classroom），指的是，在上课前教师先将接下来的课堂上需要解决的课题或要解答的疑问提供给学生，学生在家里自主学习和思考。下节课上，学生将自己的学习成果和思考结果进行交流、发表。学生通过自主学习和思考所得出来的答案有可能多种多样，或者即使答案是同样的，但每个学生得到答案的过程却是不同的。翻转式教学可以让学生体验答案的多样性，以及体验探索答案的过程的多样性，并让学生知道"答案并非唯一"。

"翻转式教学"或"互动探究式学习",就是以质疑、探索、表达、分享,也就是互动协作式学习为目标的新型教学方式。

在家庭和学校都能顺畅连接网络的运用信息通信技术的教育模式的推动下,这样的翻转式教学和互动探究式学习,终于于 2021 年 4 月开始有了具体的动作。

学校老师也不再是一直以来的单方面讲授和传达知识,无论是在面对面的课堂上,还是在线网络授课中,老师都充分运用 ICT,他们正逐步成为翻转式课堂和互动探究式学习的流程促进者、学生互动协作式学习的推动者和领路人。

电子教科书也不会单纯告知答案,在教师用书里面,准备了丰富的文字、动画、静态图片的片段(这也被称作微步骤教材)等为老师的教学和授课提供辅助。

在这场 150 年一遇的教育大改革中,身处教学一线的老师的工作负担,其实无论如何都是在加重的。

我想日本上下都要想办法减轻老师的负担。

另一方面,如果家里正好有孩子或弟弟妹妹是小学生、中学生,你们如何应对正在接受当前这种新式教育的他们呢?

无论如何,我们一定要想办法从以前自己所接受的那种死记硬背正确答案的教学模式中脱离出来，以超越日常观感的态度对待这些接受新式教育的孩子。而能为你提供帮助的，就是帮助你用新眼光看待问题的量子思维。

孩子和大人都想马上开始的"新时代教育"是什么

接下来，我们不得不思考的是，"能使孩子们理解ICT本身的教育"。

能使孩子们理解ICT本身的教育，指的是什么呢？简单地说，就是"能使孩子们理解计算机"的教育。

其实，针对这个问题，在本书中我已经从多个角度进行过说明，那就是要使人们知道"计算机只有在由人类编程的情况下才能工作"。

为此，让孩子们理解了计算机的结构之后，还应该让孩子们学习简单的计算机编程，还要让孩子们体验自己编写的简单的程序安装到计算机后，计算机的实际运行状态。

这么做的目的是，让孩子们养成"我们不会输给计算机"，更进一步，"我们不会输给安装了计算机的机器（如以机器人为代表的智能设备）和人工智能等"这样的意识。

让孩子们理解ICT本身的教育，其目的之一便是让孩子们养成这样的意识，这是非常重要的。

前面我所介绍的新式教育、利用ICT的新式课堂、翻转式教学、"人类不会输给计算机"的意识等，不仅对孩子们特别重要，即使是对大学生或者社会人来说，也是必须具备的不可或缺的认识。

比如，"分数的除法其实就是乘分数的倒数"，就算只是在小学算术的范畴，对于你来说，也是确认自己的知识体系哪里有欠缺的绝好机会。

在你自身所接受的教育中，你其实只是单纯记住了"分数的除法相当于乘分数的倒数"，并没有真正理解其中的原理。现在回过头去看，原来这个计算法则的深层逻辑是这样的，你会对此感到非常震惊。

那么，如果家里正好有接受新式教育的中小学生，你们不妨通过孩子们的学习，去感受一下新式教育吧。

关注和学习更多的东西，发现自身存在的新的课题，以及为了克服这些问题应该做出哪些努力等，这些都将会逐渐清晰起来。

这样的努力，即使是学业结束进入社会后，也是应该持续进行的重要实践之一。这也非常有利于帮助自己形成量子思维。

我们该恐惧机器智能化吗

"机器会夺走人类的工作",这个话题曾经一度引起了轩然大波。

确实,在我们生活中,不知从何时开始,搭载着AI功能的机器开始相继登场,并慢慢成了支撑生活的新的基盘。当然,不可否认,未来的趋势是,数年后或者十几年后,人们现在所做的很多工作将逐渐被AI所代替。

虽然我刚刚说到了"未来数年后或者十几年后",但是,我们也不要乐观地认为,目前这几年我们还不会被机器所取代。实际上,"随着机器的进步,人类的工作逐渐被取代"的现象,大致来看会有两个阶段。

"被取代的工作":智能化的第一步

第一阶段,便是"随着机器的进步,我们的工作被他人所取代"。

在ICT的发展浪潮中,我们不能忽视的是互联网在全球范围内的快速普及。通过互联网能开展和完成的工作和工种,让身处地球任何角落的人都可以来参与就业。

当然，这类工作和工种，会选择比较廉价的劳动力，工作机会会迅速向工资较低的国家转移。

假设你打电话给呼叫中心（call center），想在电视购物栏目中买什么商品，或者你打电话给售后支持中心（support center）要咨询所购商品的售后服务或退换货处理问题，电话那头的接线员，即使是说着一口流利的日语，我们也无法确定接线员是否是在日本国内的办公室接听你的电话。

在现在这样的时代，接线员们甚至极有可能是在位于中国东北的大连市的办公室接听你的电话。

在新冠肺炎疫情大流行之后，随着远程办公逐渐成为常态，这一趋势正在加速发展。

通过远程办公，人们会得到如下体验：

① 总部在哪里，可能并没有那么大的意义。
② 因为没有必要全员出勤，所以办公室不再考虑能够容纳全员的大小。
③ 也没有必要按照员工来确定办公室的座位，或者说根本确定不了。
④ 每个员工就算带着纸质资料，也没有固定的位置存放，所以只能带电子资料。（只有法律法规要求必须保存纸质文件的，管理部门会选择特定的位置来保存。）
⑤ 员工可以选择自己喜欢的地点和喜欢的时间来开展工

作。"喜欢的地点"是指，不必非得在自己家里，也没必要在同一个地点。

⑥ 如此一来，员工评价和薪酬体系，也不得不转向"成果主义"或者更进一步"按绩效支付"。

⑦ 允许员工开展副业的公司在增加。别说副业，甚至一人兼职多份工作都有可能。

⑧ 兼职的工作中，可能有的是所谓的"零碎工作"。零碎工作是什么呢？可能很多人会认为是"短时间内可以完成的简单的工作"，其实不是的；相反，它更可能是"拥有高级技能或高水平工艺的人，以单项工作为单位，高价收费"的方式。当然了，这也是"按照绩效支付"。

⑨ 为顺应时代变化，企业必须准备能适用新的薪酬支付方式的信息系统，不要在全新的雇用方式上跟不上时代的步伐。如果不能适当灵活地雇用这些"拥有高级技能和高水平工艺的人"，企业将会失去竞争力。

"被取代的工作"：智能化的第二步

第二阶段，是"随着机器的进步，人类会被机器夺去工作"。

融合了AI技术和机器人技术的机器被称为"智能机器"。大街小巷上的自动化机器人，正在加速商业化的自动驾驶汽车，都是智能机器的一种。这些都是连接互联网，形成物联网系统，在计算机的操控下运行的机器。

由 AI 引领的自动驾驶一旦普及开来，出租车司机和卡车司机可能都将会失去工作。如果搭载了 AI 功能的机器人能做的事情持续增加，企业将没有再雇用清洁工、保安、建筑工人等作业型人员的必要了。

你目前所做的工作，如果有可能被机器人所替代的话，当 AI 逐渐到来的时候，你多多少少会有一种危机感。

关于上述状况，在介绍第四次工业革命的时候，我也曾说到过。

但是，对于"AI 会夺走人们工作"的说法，如果我们不从一个"人类才能工作"的单一维度去看，而是从一个多元化的角度去看待，我们也能得出"也不是说我们人类的工作都会被 AI 所取代"的结论。

"工作"的定义已经发生了变化

哲学家和思想家汉娜·阿伦特在她的著作《人的条件》中，将"人类工作"这个行为分成了以下三种。

第一种是"劳动（Labor）"，说得通俗一点儿，就是指人为了生存而工作的行为。

我想我们大多数人，多多少少都是为了这个理由在工作吧，其实也就是劳动。前面也介绍过，代替人们从事单纯事务性工作的 RPA，就被称为数字劳工。

第二种是"工作（Work）"。工作与劳动不同，可能并不一定是为了生存而劳动，怎么说呢，工作对社会的贡献度要稍微大一些。

比如，运动员、艺术家、研究人员、医生、学校的老师等，当然，他们也是劳动者，他们也会为了生存下去而工作，但是怎么说呢，这些职业里面含有的工作的成分多一些。

最后是"行动（Action）"。用一句话简单地说，就是指政治活动。政治家是 action 中极具代表性的职业。如果是普通人，参与政治话题讨论、参与投票、参与集会、参与选举、参加选举活动，这类工作都是 action。

以上便是三种"人类的工作"。那么，哪种工作最有可能被 AI 代替呢？毫无疑问，肯定是 labor，为了吃饭和生存下去而不得不做的工作。

现在，还在从事着 labor 的朋友，非常遗憾，在不久的将来，随着 AI 技术的发展，我不得不说你们面临被解雇的可能性非常之高啊。

在这里，我希望大家好好想一想，labor 一类的岗位被 AI 所替代的未来社会，对于我们人类来说真的是悲观的吗？

即使 labor 一类的工作将由 AI 代替人类去完成，对于我们来说，也还有剩下的两种工作，work 和 action 可以做。沉迷于有创造性的工作，专注于新技术的研究和开发，考取资格证书从事专业性工作，或者积极投身于政治活动中，这些都是人类创造性的工作，即使 AI 想要模仿，就现实情况来说，也是特别困难的。

未来有一天，即使 work 和 action 的部分工作内容会被 AI 所替代，但是在不久的将来，AI 想要完全取代人类还是不可能的。

从这个角度看，在不久的将来，随着 AI 的广泛使用，我们人类将不用再做那些如同字面意思"劳和动"所表达的"劳作性"的工作了。

今后，不是"因为 AI，我们的工作被取代了"，而是"托 AI 的福，我们能从劳动中解脱出来了"。这才是我们对 AI 的正确认识。能具备这样的认识和见解，是超越日常观感的量子思维的最好事例。

为什么现在是讨论基本收入的时候

但是，这里出现了一个问题。

当 labor 一类的工作被 AI 所取代，那么原本在从事 labor 工作的人当中，一定会有部分人找不到自己能做的新的

labor。

到昨天为止一直在从事某项 labor 的人,即使经过职业培训,也可能因为年龄或者其他方面的原因而不能再从事这项 labor。不难想象,这样的情况应该会很多。

AI 机器人的崛起,将给工作带来如此深刻的变化。可以说这将可能是"资本主义时代终结的开始",或者说"资本主义向新阶段过渡的开始"。

以往我们的想法是"劳动赚到钱,才能养活自己,生活才能继续下去",这样的想法本身,可能都要开始从根本上发生改变。

今天,此时此刻,我们就能预感到这样的新时代即将来临。因为量子思维,我们才能有这样的超越日常观感的认知。

那么,随着 AI 的发展,资本主义时代开始走向终结或者资本主义开始进入新的阶段,在这样的时期,我们人类应该选择怎样的生存方式呢?

我先从结论来说吧。那就是即使有"不工作"的选择项,我们的社会也能正常运行。

要实现这一目标,其中一个具体性的措施便是,最近被频繁讨论的"基本收入(BI,Basic Income)制度"。

如果我在这里介绍基本收入制度,那么会显得太偏离本书的主题了。还是老办法,想知道详细内容的朋友可以自行搜索。简单地说，就是一个人从婴儿呱呱坠地开始便拥有自己的个人银行账户，从降生的次月起，国家便会往个人的银行账户中自动存入一笔 10 万日元的资金。当然，活着的民众都有这样的个人银行账户，国家每个月会自动存入 10 万日元到个人的账户中。

2020 年，为应对新冠肺炎疫情，日本曾这么做过一次。日本政府向全体日本国民的个人银行账户中存入了 10 万日元。你们可以想象类似这样的事情以后每个月都会发生。全体民众可以获得生活所需的必要收入，这样的做法，乍一看是完全不合常理的，但是在今后的 AI 时代，这是极其合理的社会机制。

基本收入制度如果能实现，也就意味着即使不工作，每个人也可以得到一份最低限的收入。所以，大家就不会担心被 AI 取代工作之后陷入生活困难的状态。

在加拿大和北欧的部分地区，已经在试验性地导入这样的基本收入制度，今后基本收入制度相关的社会机制也将会更加成熟、完善。

在此，我们对基本收入制度未来会不会真的实行不做讨论。但是以基本收入制度为契机，随着前所未有的新的"安全网络"构建起来，未来即使我们被 AI 夺去工作，即使我们不能再参加劳动，我们的生存也不会成为问题了。这样的未来是完全可以想象到的。

也就是说，人类将从 labor 中彻底解放出来。将一切 labor 交给 AI 来完成的未来，是完全可以期待的。

在未来社会，会有为了追求高收入特意从事 labor 的人，会有为 work 和 action 而付出努力的人，也会有依靠基本收入而选择不再劳动做自己喜欢的事的人，大家就这样和谐地生活在一起，在未来这都不是什么不可思议的事情。

"不会吧，太不可思议啦！"可能有人会感到非常震惊。但是我却可以断言，这样的未来是非常可能的。

当然，人类社会进入这样的新阶段，可能会有 100 年或者 200 年的过渡期。其实资本主义从产生再发展到目前这样的状态，也已经用了将近 300 年。

第6章

量子思维让我们活出未来

新东西,原则就是"做"

在本书的最后,我们将讨论如何使用量子思维这一强大的武器,以及在未来不断变化的时代中生存下去需要保持的心境。

日本落后于世界的根本原因

日本对新的挑战总是一种后知后觉的态度。直到最近,政府才终于开始加速推进数字化进程,并开始着手改变一些应该改掉的旧习惯。从公众的角度看,大家都有同样的印象,那就是"终于啊!"

对于新的挑战,日本抱着不耐烦的态度,是因为大家认为"以往没有碰到过,所以不敢贸然行动""原则上不允许"这样的状态一直在蔓延。

现在有一句脍炙人口的话叫,"ICT 的世界犹如'Dog Year(狗年)'"。

Dog Year,直译的话是"狗年"的意思。狗的世界的一年,相当于人类社会的七年时间,所以,ICT 行业的一年,相当于其他行业的七年。这就意味着,ICT 行业的发展和变化非常迅速。

面对ICT行业日新月异的变化，如果采取"原则上不允许"这样的应对态度，那么肯定是浪费时间。所以才会导致肉眼所见的落后于世界的后果。

而且，ICT对其他行业的影响非常大，ICT的任何延迟都会直接影响其他关联行业。

日本需要从"原则上不允许"对变化避而不谈的闭塞状态走出来，向"原则上允许"这样的敏捷而勇敢的新状态转变。

新冠肺炎疫情带来了一个新的时代，让"过去再正常不过的东西不再正常了"。这也算是因祸得福吧。为了让新型冠状病毒这个灾难能给我们带来"因祸得福"的转变，我们必须"原则上允许新事物的出现"。

当我们被迫适应一个新的时代时，传统的想法可能根本就行不通时，我们必须要"原则上允许新事物的出现"。对于那些以前从来都没有人想过的，基于量子思维的想法，我们也要以欢迎的心态去接受和推动这些想法的实现，并且这将成为今后的行动标准。

而且，为了创建这样的环境，我们需要拥有量子思维的精力充沛的年轻人，还需要允许年轻人拥有量子思维并认可量子思维的监督管理人员，两者缺一不可。

谁有能量谁赢

2003年4月，我进入谷歌这家年轻人聚集的新公司，之后在谷歌工作了将近八年时间。离开谷歌后，对于我自己也要"加入年轻人"的立场，我既没有逃避也没有躲藏。

我可能会给年轻人带来困扰，给他们增添麻烦，我的同龄人可能也会奚落我"假装年轻"，但今后我还将一如既往地这么做。

我的内心深处总有个声音在呼喊——不管哪个年代，年轻人都是禁止"禁止"的先锋！

这种说法其实是一种悖论。这些年轻人可能是说"克里特人是骗子"的克里特人。生活在这种危险的悖论中，是年轻人的特权，也是能量的源泉之一。

我刚刚说我要"加入年轻人"的本意是，"我会支持这些生活在危险的悖论中的年轻人"。我为什么要这样做呢？其原因是"我要守护这些年轻人的能量源泉"。

因为，这种能量是一个国家为数不多的希望之一，这样的想法我从来不予否认。不管你们认可不认可，也不管是不是这样，无论如何，未来是属于这些年轻人的，这句话总是没有错的。

在第一章我们也曾提及，我在谷歌任职的时候，当时谷歌公司的 CEO 埃里克·施密特曾说过下面这样的话，"谷歌的员工，全都是优秀的员工。工作交给他们就可以了。我们老年人的作用只是守护着他们，让他们不要犯计算机行业曾经所犯过的错误。"

至今都让我非常感慨的是，当时埃里克其实不过 40 多岁，比我还年轻十岁。其实根本不是"老年人"的年龄。

这是额外的话题了。听了埃里克的话，当时我的脑海中浮现出一个具体的事情，那就是关于我曾经工作过的 DEC 公司的成功和衰落的故事。

其实，这是技术导向型公司非常容易犯的一个错误，"Not Invented Here syndrome（NIH 症候群）" 和 "Monkey Trap（猴子陷阱）"。

NIH 症候群，指对于自己公司的技术过于自信，而不愿意认可、评价甚至采用其他人或其他公司（Not Here）所研发成功（Invented）的技术。

"Monkey Trap"，是一个戏弄和抓猴子的把戏。在一个猴子的手刚好能伸进的容器中放入一些食物，当猴子把手伸进来用手抓握这些食物的时候，猴子的手便抽不出去了，人们便可以抓住猴子。其实，如果猴子放开手中的食物，它们是可以逃跑的。但是，猴子们往往不愿意放弃手中的食物，最后它们的手只能被困于容器中，等着被人们抓住。

所以，当时的 DEC 公司，其实就是不愿意放弃自己曾经获得成功的那些东西，也不愿意接纳和采用其他公司所研发出来的新技术，最终导致自己走向了一条必然衰败的道路。

就说"原则上允许这么做"

简单地说，在谷歌，我所做的工作只是到处向人低头，鞠躬说"对不起，给你带来了不便"。在日本社会看来，地位如此之高的美国总公司副总裁兼日本公司总裁，竟然大老远地跑来道歉鞠躬，问题总该可以解决了吧。

为了达成妥协，我们即使会做一些"小改进"，但是在"原则上允许"这一点上，在我的记忆中没有做过妥协。因为这是本质问题。

以前我所做的和从今往后我要做的事情，仍然是帮助日本的年轻人实现"禁止'禁止'"和"原则上允许这么做"的想法。

我为什么要这么做呢？明确的原因就是：我坚信日本如果不想被时代甩在后面，如果想要充分释放自己的潜能，其最快速的做法就是让年轻人和充满激情的人自由发挥他们的才能，自由实现他们的想法。我也相信，"原则上允许"的做法，可以让这些充满激情又年轻有为的人自由地大展身手,如此一来日本可以实现巨大的经济增长,挽回自己尚未完全丢失的荣誉。

所以,稍微上了年纪的长者,或者管理这些年青一代的管理者们,你们能做的最多就是守护他们不要陷入NIH症候群和猴子陷阱。再用一句名言来与大家共勉:"对于自己不知道的事情,要学会闭嘴。"

如果队伍里有不想闭嘴的老兵,用一句让人不安的话来说,"这样的老兵早点从队伍里离开",对于日本的未来才是明智的做法。

总之,我想说的是,在量子思维越来越成为必要的未来社会,创造者和守护者,才是未来每个人的立场所在。

你自己属于这两种中的哪一种呢?这要根据你的心情、心态、年龄、环境等多种因素来决定。但是,综合来看是下面这样的情况:

虽然我不至于非常直接地说,"如果你不了解ICT,但又认为没有必要了解ICT,那么你应该立即从现在所在的公司或团队离开",但是,如果你不了解这些新技术,至少你要做到保持沉默不多嘴,努力做到不给周围正在努力的人添加麻烦和增加烦扰。

为了实现快速增长,我们必须不局限于经典力学的认知范围。在常识以外的事情逐渐变成常识的"新常态"下,我们没有时间和空闲去纠结某件事是否从来没有先例。

在这样一个变幻莫测的时代，我们能够为人类和社会所做的，或者说我们必须做的事情是，"原则上允许"，这也是确保你的公司和团队在未来许多年能持续生存下去的唯一途径。

另外，充满激情愿意去不断挑战的各位，请不要在意年长一代或周围人的喧嚣，不要在这些不必要的事情上浪费自己的时间和精力，应该打起精神集中精力去专注于你喜欢和你愿意挑战的事情。

换句话说，我们不用去批判和否定那些被经典力学和传统思维所束缚住了的人，我们要把我们的精力投入我们能够为人类和社会所做的贡献上，投入需要的地方去。

无论是创造者和守护者，我们无论如何要想办法成为其中之一，把握住人类社会向新时代迈进的大好机遇，不在两者之间纠缠，不要将自己旺盛的精力和有限的时间浪费在这些无益的事情上。

总之，对于全新的事物，我们采取"原则上允许"的做法。营造"敢于挑战新事物"的积极氛围，让年轻一代的精力和能量全部转化到对社会有贡献的事情上，这是我们要对即将退出历史舞台的各位老兵所做的拜托。

拥有"没有快乐,就不是工作"的意识

在前文中我介绍过,随着 ICT 和 AI 的发展,工作方式也将发生变化。其中重要的就是"带着玩耍的心情"开展工作。

在谷歌日本公司负责开发日语输入法(IMS)的工藤拓和小林弘幸,曾经研发出了日语输入法中的预测转换功能,这是一个非常优秀的输入法系统。

"日语"这门语言在英语语言圈里被认为是复杂又奇怪的语言。事实上也确实如此,日语中汉字多,而且汉字的读音还不一样,文字和假名的组合非常独特……在计算机刚刚普及的时候,大家应该都感受到了国外厂家开发的日语输入法特别难用吧。

所以,开发日语输入法的预测转换功能应该是一件相当困难的事情。

但是,在开发这个项目的过程中,我至今还记得他们用一部分研发费用做了一套奇特的键盘。那个键盘看起来就像乐器中的"鼓"。

这件事情曾被当作愚人节的笑话在网络上出现过。如果你对此感兴趣,可以上网搜索一下。

他们都是拥有量子思维的人,被谷歌公司所做的足以引

起产业变革的伟大工作所吸引，在工作中不断寻找着其中的乐趣，我想正是这种精神才给了他们制造像鼓一样的键盘的创想吧。

另外，同我一样处于守护者角度的人，我们的重要工作就是"毫不吝啬地允许他们有一个快乐工作的氛围和环境"。像他们这样的天才，这样的超级创造者，是非常讨厌被人管束的。

就算你意识到量子思维的重要性并在尝试实践量子思维，但是如果你发现自己无法从现在的工作中获得快乐，那么非常遗憾，我想你一定还没有完全掌握量子思维的真谛。

有了量子思维，你便可以在变革的浪尖做弄潮儿，你可以自由大胆地让自己的潜能充分释放出来，带着"游戏的心情"快乐地开始每一天的工作。

像这样"毫不吝啬地允许他们有一个快乐工作的氛围和环境"的案例，我在谷歌的时候遇到过好多次。

谷歌公司的人才招聘标准之一是"必须选用比自己还优秀的人才"，我想也只有这样的谷歌公司，才是可以允许自由的，也是可以允许"以游戏的心情工作"的。

成为新时代的人才

第一次、第二次、第三次人工智能热潮和对人才的需求

在本书即将结束的时候,我想换个话题,向一些特别的人才发出邀请,他们的数学能力比大多数人强一倍还不止,我想邀请他们加入人工智能的事业中来。

人工智能目前正在经历第三次发展热潮,而与前两次热潮不同,即使仅仅是一次性的任务或者单项的操作,它也终于到了可以投入实际使用的阶段。

第一次发展热潮,始于1956年在达特茅斯学院举行的"The Dartmouth Summer Research Project on Artificial Intelligence(达特茅斯人工智能夏季研究项目)"。

那之后,被称为"达特茅斯会议(Dartmouth Conference)"的研讨会,有了一个新的创想,他们希望在单纯只有计算功能的电子计算机上搭载一些拥有人类知识和技能的自动化智能程序,可以说这是第一个正式提出人工智能构想的研讨会。"Artificial Intelligence(人工智能)"这个现在听起来耳熟能详的词语,也正是在这个时候开始出现的。

但是,毫不夸张地说,那之后所开展的关于人工智能的研究是一段非常曲折艰难的历史，这段历史充分地证明了"要在电子计算机上构建一个能进行智能化操作的程序"是多么困难。

虽然是一段充满挫折的历史，但是通过人们真诚热情的研究，还是产生了好几个成果。就我们身边的例子来说，大家日常正在体验的亚马逊公司的智能助手 Alexa、苹果公司的 Siri、谷歌公司的谷歌助理，微软公司的人工智能助理"微软小娜"等，这些都是基于人工智能助手的语音交互。我想大家都知道这些正是人工智能的其中一个领域，关于自然语言处理研究的应用成果。

在艰难曲折中前行的人工智能研究，终于在距离达特茅斯会议 29 多年后的 20 世纪 80 年代迎来了它的第二次发展热潮。当时掀起全世界范围内的热潮的契机，正是日本当时的通商产业省所启动的"第五代计算机项目"。

这个项目的开发目标是一款被称作"专家系统"的应用程序。这款程序希望集合专家的知识和智慧，代替专家来操控和指挥电子计算机。

该程序也被称为"基于知识的系统"。因为它要以"如果……那么……"也就是"if...then..."这样的规则来展示知识，所以该程序也被称为"基于规则的系统"。

但非常遗憾的是，构想如此智能的"专家系统"，最终也仅仅停留在特定的应用层面，不仅如此，希望能实现其运行逻辑（也就是从复杂的前提条件中，经过"if...then..."的规则运行，最终产生出结论）的新型计算机，也就是第五代计算机，也只是成功地开发出了试验样品，并没有成功进入商用开发。第二次发展热潮随着该项目的终止也就偃旗息鼓了。对这次热潮的评价也只能说"失败"了。

但是，由于在第二次发展热潮中人们倾向于研究对于语言的处理，所以即使结果是"失败"，这次热潮对于自然语言处理研究还是做出了非常大的贡献。比如，20世纪80年代后半期，日本的文字处理器能够取得长足的进步，正是得益于这次的研究热潮。

第三次发展热潮，是由最近的机器学习，特别是深度学习领域所取得的最新突破性进展所引领的。

近几年，在日本的书店里，计算机相关书籍的展示区域开始上架了很多书名中含有"机器学习""深度学习"字样的书籍。经常看这类书籍的朋友都知道，其实机器学习和深度学习都会涉及大量的高等数学的内容。这跟第二次发展热潮时倾向于研究对语言的处理不一样。

因为涉及太多的高等数学的内容，所以第三次发展热潮中最让人担心的便是人才不足的问题。因为这要求进行机器学习和深度学习的研究者必须具备较高的高等数学水平，所以研究人员不会突然增多，人才不足成为一大问题。

现在，全世界从事机器学习和深度学习研究的人员，合计也不过几千人。可以说全世界范围内的人才争夺战已经开始了。

2014年，谷歌公司以4亿美元的高价收购了英国一家只有20人的小公司"DeepMind"，据说谷歌看中的不仅是那家公司在机器学习和深度学习领域的技术，还有该公司正在进行机器学习和深度学习研究的20多个研究人员。

前面我介绍过的AlphaGo和AlphaZero，正是谷歌旗下这家名叫DeepMind的公司所开发的。这是一支精通和擅长"深度学习"技术的"技术人员团队"。

人工智能领域仍然是珍贵的宝库

所以，我想要对数学比大多数人强出一倍的特殊人才发出邀请，请你们去加入人工智能行业。

数学比大多数人强出一倍的人，是哪些人呢？比如，获得了粒子物理学博士学位，但没有合适的研究职位，因此选择在大学预科学校担任物理和数学教师以维持生计的人。又如，正在大学、研究院或者企业等领域学习和研究且比起其他人更擅长数学的人。大家一定要去书店看看计算机书籍展示区域，拿起一本名字中含有"机器学习"和"深度学习"

字样的书来仔细读一读。

书中出现的公式和原理等,对于你来说就像平常的文字一样简单易懂,并且你对如何实现它们也非常感兴趣的话,那么请一定加入人工智能的事业中来吧。

人工智能的事业,具体指什么呢?比如,以人工智能技术为核心竞争力的 Metaps 公司,作为人工智能行业的首家初创公司,已经于 2015 年 8 月在东京证券交易所上市了。

以 Metaps 公司为首,大企业小企业,新企业老企业,大家都在想办法抢夺机器学习和深度学习领域的技术人员和研究人员。很明显,和其他行业相比,人工智能领域的未来更加明朗、更加广阔。

我在前面提到过"如果你对于如何实现它们很感兴趣的话,那么请一定加入人工智能的事业中来",在这里,我必须补充说两句。

确实,机器学习和深度学习所要实现的可能是一种叫作"人工智能"的认知力和预测力。在人工智能的这些能力里面,有能够超越人类的认知力和预测力的部分,但是与人类的智慧相比,人工智能无疑也有自己所欠缺的东西。

那就是"意识"。关于意识,在第四章的结尾部分,我介绍了与意识相关的概况以及我个人的浅见。

虽然机器学习和深度学习在不断创造新的认识和预测,但是它们背后没有一个能意识到这些"认识和预测"的"观察者"。

即使机器学习和深度学习所创造的认知能力和预测能力已经超越人类,但是在没有"观察者"存在这一点上,我可以断言,机器学习和深度学习是永远赶不上人类的。

"其实这样也好。即使有这样的局限,我也希望当前飞速发展的机器学习和深度学习能在人类社会的发展过程中发挥巨大的作用",我希望能促使拥有如此认知的人才加入人工智能的事业中来。

最后,我想补充说明的是,随着脑科学研究的不断发展,关于人类意识的探究和发现,最近终于取得重大突破,已经成功跨越定性化研究和假说阶段,开始进入定量化研究阶段。在未来的某一天,脑科学领域的定量化研究成果,有可能为机器学习和深度学习的进一步开发提供重大的线索和思路。

或许,在将来,人工智能领域也会取得重大突破,能研发出完整意义上的真正可以称为"人工智能"的重大成果。

总之,我希望能借此机会促进数学优秀的人才参与到这个充满梦想的领域,人工智能研究领域真的值得参与,愿大家满怀热情全力以赴。

量子思维——人工智能时代生存必备

编程能力是最强大的技能

随着人工智能的研究不断深入和发展,未来是一个智能机器活跃的时代。在此,我想对不擅长高等数学的朋友们未来如何应对进行探讨和说明。

面向以 AI 为主角的未来社会,不管你的学历情况如何,也不管你的职业背景怎么样,我想推荐大家学习的,就是编程的技能。

对学生来说,要把编程当作一门基础的必修科目去学习;对成人来说,可以去参加市面上随处可见的编程入门课程。

编程的入门课程,其报名费绝对不会太高,而且还有很多课程是免费的。免费课程中也有很多是质量非常高的课程。

编程课程便宜的原因是,社会和经济迫切需要培训程序员,而目前具备编程技能的人才已经出现了长期短缺。

程序员的不足,在经济产业省的调查中有明确的调查结论。负责编程课程培训的机构,还会把已完成课程学习的学员介绍给有招聘需求的企业,有兼职工作岗位也有全职工作岗位。编程课程的培训机构从招聘企业获取招聘介绍费，以此来补贴课程的费用。现在已经形成了这样一种新的商业模式。

2020年，日本已将编程教育列为小学生必修课程。虽说是必修课程，但并不是为孩子们增加一门"编程"课。

这里的编程教育是指，在语文、数学、科学技术、社会、美术手工、音乐等现有课程的教学中，要采用"编程"的教学方法。在前面的内容中我也介绍过在教学中要积极利用ICT，包括翻转式教学、互动探究式教学中也要积极地采用编程的教学手法。

所以，将编程教育列为必修课程，并不是为了培养编程人员。当然了，通过学校的启蒙教育和引导，我们仍然可以期待未来能产生一批天才程序员。

回到正题上，在编程入门课程中，你将学会某一特定计算机语言的编程技能。编程中有很多种不同的语言，对于初学者来说首先专注于一门语言去学习并把它学得精通更加重要。

就算你掌握的语言只有一种，在实际的编程过程中，你会慢慢地掌握所有编程语言的共同概念，那就是算法。这个概念，不管对于哪种语言，都是不可动摇的根本性的东西。

所谓算法，就跟之前说明的一样，简而言之就是计算机（以及操控计算机的东西）从某个初始状态A开始到目标状态Z为止，所需要完成的"有限的步骤"。

要掌握算法的概念，就需要知道从初始状态 A，到状态 B，到状态 C……迁移的过程。

也就是说，程序员要意识到自己才是掌控计算机进程的"主人公"。

编程其实是和写小说很相似的工作。写小说，也是从初始状态 A 开始，到目标状态 Z 为止，进行一定章节的描写。

从这个观点来看，编程其实并不是理科类的工作，是所有的人都可以掌握的基本技能，与人的体格、体质、生长环境等无关。

作为 ICT 行业的一名老兵，我可以说已经尽了自己的一份力量。在这里，我要说些抱歉的话。虽然编程是和写小说非常相似的工作，但是程序员所编写的程序上却很少署上编写者的名字。这已经是日本编程界的一个标准做法。

因为，一个编程项目，一旦要开发，就必须分解成不同的板块，由好几位程序员共同分担并相互合作完成。

将每个人完成的内容进行合并才能最终形成完整的程序。那么，在合并的过程中，往往会产生一些不相容的问题和故障。

这些问题和故障，与其说是各个程序员的能力问题或危机管理不足而引起的，倒不如说是因为程序员在一个默默无闻的角落工作而影响心情所导致的。程序员做着如此重要的工作，我想可能很多人会有这样的感觉——"作为一个大型系统的重要角色，到最后却连自己的名字也不会留下，想起来真的是非常无聊。"

虽然分工协作共同完成是没有办法的事情，但如果参与人员少一些，并能让程序员署上自己的名字，那么编程工作将能变得更加快乐，程序员也能体会到对工作的责任感和完成工作之后的成就感。

我的希望是，编程，也能和小说一样，被当作创作来看待。

在日本，好像大家倾向于把编程所创造出来的产品当作"工业制品"看待，我觉得这是非常严重的错误。而正是我们这一代人创造了这样的价值观，在这一点上，我真的非常抱歉，没有任何借口也没有任何辩解的余地。

我相信，如果将编程完毕的程序作为作者的作品予以重视，其创作者的名字被广泛分享，那么日本程序员的未来将更加光明，这将解决程序员长期短缺的问题，并能创造大量就业机会。

来点基础编程知识，拯救文科专业的人

就像不可能所有的小说家都能获得芥川奖或直木奖一样，就算是掌握了一门计算机语言的语法和逻辑，也并非不一定就能开发出优秀的程序来。

编写优秀程序的能力，是一种与生俱来的特殊技能。一个优秀的程序，其开发人员的名字也会随着优秀程序的名字而载入史册。这些一流的天才程序员，在这个编程成为必需的时代，他们一定会大放异彩。

有的程序必须这些天才程序员才能编写出来，当然，除此之外还有许许多多其他程序，可以想象，今后，智能机器盛行的时代，众多程序会陆续登场。

我觉得没有理由不把此类工作作为自己的目标。其实，面对第四次工业革命下严峻的就业环境，这也是一个非常不错的应对手段。

就算不能以程序员的身份被别人录用，在学习编程的过程中，你所获得的"只有程序员自己才是操控计算机的主人"的认识，也会为你提供帮助。今后，人类社会会逐渐进入智能机器与人类比拼工作效率和争夺就业的阶段，有了这样的认识，你才不会把智能机器当作洪水猛兽，才不会认为"机器是夺走人类工作机会的恐怖又危险的东西"。

在这一点上，我十分确信。所以，在精力和时间允许的前提下，一定要尽可能多地学习编程知识。

我在前面的内容中也提到过，在小学阶段将编程教学作为必须开展的内容，其原因之一便是消除孩子们心中关于"人类会输给机器、计算机、AI、机器人"的意识。

写在最后

不管大家用的是什么样的阅读方法,首先要感谢大家坚持把这本书读完。真的衷心感谢。

在写作本书的过程中,我做了很多标记,提示大家"初次阅读的时候,可以跳过"。即使如此,我仍然觉得这是一本很难读的书,因为书中所写的内容涉及多个话题,涉及多个领域,内容非常复杂。

当然,肯定也有朋友没有跳过任何信息,把全部内容通读了一遍。对这些朋友,我要大力表扬。

按照作者的提示跳着读了一遍的朋友,我想请你们再从头读一遍,重读的时候不要跳读。当你这样读完第二遍的时候,你一定会感受到前所未有的快乐。如果能做到这一点,意味着你已经"充分"理解了量子思维的真谛所在。

"充分"指的是,当你在思考未来工作和生活中必须面对的新情况时,当你在思考社会、政治和经济方面的诸多问题时,你突然发现自己竟然可以用与以往完全不同的思维方式来看待这些问题。

现在,大家可以越来越清晰地看到,在21世纪,人类将以完全不同于20世纪的方式直面新的重大课题和挑战。

最后,衷心希望所有读者朋友能用量子思维果断、持续地去挑战你自身的课题、家庭的课题、工作上的课题、社会的课题、国家的课题以及人类社会的课题。

图书在版编目（CIP）数据

量子思维 /（日）村上宪郎著；石立珣译 . -- 北京：
中译出版社，2023.1
 ISBN 978-7-5001-7110-2

Ⅰ . ①量… Ⅱ . ①村… ②石… Ⅲ . ①思维方法—通俗读物 Ⅳ . ① B804-49

中国版本图书馆 CIP 数据核字 (2022) 第 102570 号

京权图字：01-2022-1018

QUANTUM SHIKO TECHNOLOGY TO BUSINESS NO MIRAI NI SAKIMAWARI SURU ATARASHII SHIKOHO written by Norio Murakami
Copyright © 2021 by Norio Murakami. All rights reserved.
Originally published in Japan by Nikkei Business Publications, Inc.
Simplified Chinese translation rights arranged with Nikkei Business Publications, Inc. through Lanka Creative Partners co.,Ltd. and Shanghai To-Asia Culture Co., Ltd

出版发行：中译出版社
地　　址：北京市西城区新街口外大街 28 号普天德胜大厦主楼 4 层
电　　话：010-68359719
邮　　编：100088
电子邮箱：book@ctph.com.cn
网　　址：www.ctph.com.cn

责任编辑：刘香玲　张　旭
特约编辑：李孝秋　刘君羽　廖雅琪
营销编辑：毕竞方　刘子嘉
版权支持：马燕琦　王立萌
封面设计：WONDERLAND Book design 仙境 QQ:344581934
排　　版：冯　兴

印　　刷：河北宝昌佳彩印刷有限公司
经　　销：新华书店
规　　格：880 毫米 ×1230 毫米 1/32
印　　张：6.875
字　　数：160 千
版　　次：2023 年 1 月第 1 版
印　　次：2023 年 1 月第 1 次

ISBN 978-7-5001-7110-2　　定价：59.00 元

版权所有　侵权必究
中 译 出 版 社